뉴스가 들리고 기사가 읽히는
세상 친절한 경제상식

뉴스가 들리고 기사가 읽히는

세상 친절한
경제상식

•토리텔러 지음•

미래의창

세상은 정말 빠르게 변한다

이 책이 처음 나온 2019년 이후 지금까지 약 4년 동안 국내외 경제 상황은 극과 극을 오가는 중이다. 2020년부터 '시장에 돈이 너무 많이 풀린 것 아니냐'는 우려 섞인 말들이 돌았지만 이에 귀 기울이기보다는 '어떻게든 되겠지' 하며 넘겨버린 사람들이 훨씬 많았다. 그렇게 모두가 투자에 몰입했다. 개인투자자들이 외국인 및 기관과의 싸움에서 승리하며 주가를 끌어올렸고, 이와 함께 '동학개미(국내 주식에 투자하는 개인투자자)' 또는 '서학개미(해외, 주로 미국 주식에 투자하는 개인투자자)'라는 말이 등장했다. 그런가 하면 '벼락거지(부동산 가격 폭등 속에서 상대적으로 빈곤해진 무주택자)'라는 신조어가 쓰일 만큼 집값은 온갖 규제를 뚫고 치솟았다. 그리고, 이러한 상승세는 2022년에 본격적으로 시작된 미국의 파격적인 금리 인상과 함께 햇살에 눈이 녹는 것보다 빠르게 사그라드는 중이다. 많은 전문가들은 경기가 급격히 식기 시작한 2022년보다 2023년에 더 어려운 상황이 펼쳐질 것이라 예측하고 있다.

이 책의 목적이 이제 막 경제에 관심을 가지기 시작한 사회초년 생들을 위한 경제 안내서를 펴내는 것이었는데, 급변하는 상황 속에서 2019년의 경제 이야기는 이미 먼 옛날(?)의 것이 되어버렸다. 책에서 인용한 기사 제목만 봐도 이를 알 수 있다. 초판에서는 부동산 시장의 규제, 영국의 브렉시트로 대표되는 글로벌 시장의 균열, 불붙기 시작한 주식시장 등을 다루었던 반면, 이번 개정판에서는 침체된 부동산 시장을 띄우려는 규제 완화, 승승장구하던 동학개미와 서학개미의 좌절, 초판에서는 언급되지도 않았던 가상자산 시장에서 일어난 사건들 등으로 완전히 바뀌었다. 게다가 여전히 진행 중인 러시아-우크라이나 전쟁, 미·중 분쟁의 심화로 분절화된 세계와 같이 불안정한 국제 정세로 인해 앞으로 세계와 우리나라의 경제가 어떻게 흘러갈지 가늠하기조차 어렵다.

그럼에도 최근까지 꾸준히 책을 찾아주신 독자 분들께 낡은 내용을 전달할 수밖에 없어 죄송한 마음이 컸는데, 이렇게 개정판을 출간하게 되어 조금은 편안해졌다. 이 책에 많은 애정과 관심을 보내준 독자 분들과 개정판 출간 작업에 흔쾌히 함께해준 미래의창 출판사에 다시 한번 감사드린다.

경제는 항상 고점과 저점을 지나는 사이클로 움직인다. 우리 경제는 1998년 IMF 외환 위기로 절대 회복될 수 없을 것처럼 주저

앉았지만 부활했고, 2008년 리먼 브라더스 사태 때 역시 크게 넘어졌지만 다시 일어섰다. 그리고 현재, 코로나19 팬데믹으로 3년간 꽁꽁 얼어붙었던 경기가 드디어 해소되는 듯하더니 인플레이션과 경기 침체를 마주하고 있다. 이렇듯 호황과 불황은 반복되기 마련이다. 뉴스를 가지고 경제를 설명하다 보니 시간이 흐를수록 이 책의 내용이 현실과 맞지 않아 보일 수도 있겠지만, 뉴스 속에는 미래를 예측할 정보들이 숨겨져 있다. 책에 실린 뉴스들은 보도되던 당시를 반영한 것이지만, 그 속에 들어 있는 경제 원리들은 과거와 현재, 미래를 관통한다. 앞으로도 경제 뉴스들은 끊임없이 쏟아질 텐데, 이를 제대로 읽어내려면 그 속에 담긴 원리를 파악해서 내 삶에 잘 적용하는 능력을 갖추는 것이 무엇보다 중요하다. 그러려면 현명한 뉴스 소비 습관과 원리를 파악하려는 노력이 뒷받침되어야만 한다.

사회초년생이 가진 가장 큰 자산은 시간이다. 금액으로 환산 가능한 자산은 우리나라 평균보다 적을지 몰라도 남은 인생에서 사용할 수 있는 시간만큼은 금액적 자산을 가장 많이 보유한 40~50대보다 많다. 이 시간이라는 자산을 어떻게 활용하느냐에 따라 미래가 달라진다. 때문에 경제 공부를 시작하려는 사람들이 어려움 없이 흥미를 느낄 수 있도록 최대한 쉽게 설명하는 것을 목표로 했다. 경제를 처음 알아보려는 사회초년생들이 자신만의 경제적 판단 기준과 관점을 탄탄히 갖추는 데 이 책이 도움이 되길 바란다. 생각이 단단해지면 변화하는 상황과 정보, 이를 다루는 뉴스에 흔들리지 않고 자신만의 해석을 할 수 있게 된다. 그다음에는 자연스럽게 초보 단계를 넘어 자신만의 돈 불리는 방법을 찾게 될 것이라 확신한다.

알고 있는 사실들과 알아야 할 사실들

어떤 회사의 실적이 좋지 않다는 이야기를 들었다고 해서 '이 회사는 곧 망할 거야!'라고 섣불리 결론지어서는 안 된다. 기업의 실적은 좋고 나쁨을 반복하기 마련이다. 지금이 그 흐름 중 어느 시기에 해당하는지 파악한 뒤에 판단을 내려도 늦지 않다. 이때 도움을 주는 것이 바로 경제 기사다. 우리는 경제 기사를 보고 다가올 미래에 어떤 가능성을 발견할지, 어떤 어려움을 맞이하게 될지 예측할 수 있다. 미래를 예측할 수 있으면 변화에 대응할 수 있다. 경제 뉴스를 보거나 경제 기사를 읽을 때는 정확한 분석이나 정교한 해석도 필요하지만 '나의 판단'과 '나의 가치관'이 더 중요하다.

물론 그 판단이 틀릴 수도 있다. 때로는 현실과 180도 다르게 해석하기도 할 것이다. 그럼에도 우리는 경제 기사를 봐야 한다. 경제 기사를 분석하고 판단하는 과정에서 나의 기준에 따라 움직이는 힘을 기를 수 있기 때문이다. 더 이상 남의 말에 이리저리 휘둘리지 않게 된다는 뜻이다.

과거에 비추어 현재 벌어진 사건을 정확히 분석해야 미래를 제대로 예측할 수 있다는 것은 이론적으로 맞는 말이다. 그렇다고 해서 분석에 매몰될 필요는 없다. 경제는 이론대로만 움직이지는 않기 때문이다. 그래서 경제 기사를 읽는 일은 '명절 때 막히지 않는 도로를 고르는 일'과 유사하다. 지난 명절들의 사례를 샅샅이 분석해본들 이번 명절에 사람들이 어떤 도로로 향할지는 아무도 모른다. 막히지 않을 듯한 도로를 고르기 위해 여러 정보들을 검토하더라도 결국 결정은 '나의 판단'에 따라 이루어진다. 이는 빅데이터가 활성화되고, 세상의 모든 정보가 공유된다고 해도 별로 달라지지 않을 것이다. 모든 사람들의 판단을 강제할 수는 없지 않은가. 경제도 똑같다. 정부가 모든 것을 통제하지 않는 한 사람들이 어떤 선택을 할지는 아무도 알 수 없다. 그러므로 경제 기사를 보면서 나만의 기준을 세우고 그에 따라 판단하며, 판단의 결과에 따라 기준을 계속해서 수정하는 것이 경제 지식 쌓기에 적합한 방법이다.

경제는 이론대로만 움직이지 않는다

경제를 분석하고 설명하기 위해서는 이론적 배경지식이 필요할 수도 있다. 하지만 실전에서는 다르다. 주변을 둘러보면 경제 이론을 정확히 알지 못하는데도 부유하거나 장사 수완이 좋은 사람들이 많다. 전문 지식이 없어도 그들은 꾸준히 부를 늘려간다. 여러분의 지인들을 한번 떠올려보자. 학창 시절에 공부를 잘해서 좋은 대학에 진학한 친구들보다 잘살고 있는 '공부를 못했던 친구들'을 어렵지 않게 찾아낼 수 있을 것이다. 이론과 전혀 맞지 않는 경제 분석을 하는데도 투자에 계속 성공하는 사람들도 있다.

이런 일이 가능한 이유는 매우 간단하다. 경제는 이론대로만 돌아가지 않는다. 어떤 상황이 발생했을 때 이전과 똑같이 반응하는 경우보다는 제각각 움직이는 경우가 더 많다. 특정 경제 상황에 대한 뉴스가 나오고, 사람들이 그 뉴스를 분석하고, 그 결과 관련 정보가 충분히 쌓였다고 해도 결정하는 주체는 상황마다 다르다. 따라서 스스로 판단을 내리는 것이 중요하다. 여러분의 판단이 실제 결과와 맞지 않더라도 말이다. 개개인은 모두 다르므로 판단 결과 역시 제각각일 수밖에 없다. 만약 '나의 판단'이 틀렸다면 이를 인정하고 수정하면 된다.

흔히 술과 담배는 건강에 좋지 않고, 운동은 건강에 좋다고 말한다. 하지만 술이나 담배를 오랫동안 즐기면서 운동을 거의 하지 않았는데도 오래 사는 사람이 있는가 하면, 술이나 담배는 전혀 하지 않고 열심히 운동을 했음에도 큰 병을 얻어 일찍 죽는 사람도 있다. 인생에 확률은 있을지 몰라도 정답은 없다. 자신에게 맞는 답을 찾아야 한다. 만족스러운 답을 찾은 사람은 행복한 인생을 산 것이다. 그런데 안타깝게도 우리는 스스로를 잘 모른다. 그래서 '이런 상황에서는 이런 일이 일어날 것'이라는 가정을 내리고 일반적인 경우를 제시한다. 이런 판단은 '나의 판단'이 아니다.

사회초년생을 비롯한 경제 입문자들에게 나는 경제 기사를 읽으면서 현황에 관심을 가지고, 돈을 모으라고 말하고 싶다. 사회초년생은 아직 자신만의 틀이 잡혀 있지 않다. 제대로 된 틀을 갖출 기회가 남아 있다는 뜻이다. 이 시기에 틀만 잘 갖추면 대박까지는 몰라도 최소한 쪽박은 피할 수 있다. 지금 시간을 투자해서 자신만의 틀을 만들어야 한다.

경제 기사를 읽는다고 돈이 저절로 모일까?

매우 당연한 이야기를 하나 해보자. 여러분이 100% 정확한 경제적 판단 능력을 가지고 있어도 돈을 투자하지 않으면 돈을 모을 수 없다. 로또 숫자 6개를 모두 맞출 능력이 있다고 해도 로또를 사지 않으면 1등이 될 수 없는 것과 같다. 이런 당연한 단계를 거치지 않은 채 기적을 바라면 안 된다. 로또를 사야 당첨 능력을 발휘하든 말든 할 것 아닌가. 재벌 부모에게서 태어나 능력이 없어도 돈 걱정하지 않고 살 수 있는 '운'은 극소수에게만 주어진다. 지금이 책을 읽고 있는 여러분은 아마도 재벌 후계자가 아닐 것이다. 그러니 아주 작은 것부터 실천해야 한다. 그래야 뭐라도 모아볼 건덕지가 생긴다. 경제 기사를 읽는 것은 그런 작은 실천 중의 하나로, '판단'을 단단하게 만든다. 그러나 판단만으로는 돈을 모을 수 없다. 단돈 1만 원이라도 판단에 따라 '투자'해야 돈이 모인다. 투자가 어렵다면 최소한 '저금'이라는 실천 정도는 해야 한다.

사회 경험이 풍부한 사람과 사회초년생의 차이점으로는 여러 가지가 있지만 눈에 띄는 한 가지를 꼽으라면 다음과 같다. 경험이 많은 사람들은 자신의 상황이나 처지에 맞게 '내게 필요한 것'을 명확히 요구한다. 내가 무엇을 원하는지에 집중하는 것이다. 그래서 나이가 들수록 더 열심히 투표하고, 가짜 뉴스라도 자신에게 유리하면 받아들이고, 자신에게 이로운 이야기를 널리 퍼뜨린다. 이들은 행동하는 사람들이고 권리는 행동하는 사람들에게 우선적으로 주어진다.

이와 달리 사회초년생들은 명확하고 올바르게 판단할 수는 있어도 '권리 주장'에 대해서는 상대적으로 둔감하다. 많이 생각하고 고민하는 사람일수록 자신의 이익을 추구하는 것을 부끄럽게(?) 여기는 경향까지 있다. 그래서 사회초년생들은 모든 정부 정책을 비판한다. 자신의 이익에 집중한다면 비판하더라도 챙길 것은 챙길 텐데 그러지 못한다. 경제 기사를 읽을 때는 마땅히 비판해야 하는 것은 비판하되, 자신의 이익이 걸린 문제에는 적극적으로 목소리를 내야 한다. 그래야 자신의 생존에 도움이 된다. 경제적 이득은 결국 목소리가 큰 집단이 얻게 되어 있다. 억지를 부리는 진상이 되라는 것은 아니다. 여러분의 이득을 위해 목소리를 더 내라는 이야기다.

경제 기자는 정말 중립일까?

경제 기사를 읽을 때 유념해야 하는 것이 하나 더 있다. 바로 '입장'이다. 경제 정책은 모든 사람을 만족시킬 수 없다. 누군가에게는 도움이 되고, 누군가에게는 손해가 된다. 그렇다면 정론직필正論直筆을 한다는 기자들은 어느 입장에 서서 기사를 쓸까? 이 질문에 '중립적으로 쓴다'라고 답하는 이도 있을 것이다. 틀린 답은 아니다. 하지만 '중립'이란 단어처럼 애매한 것도 없다. 어디부터 어디까지를 중립이라고 볼 수 있을까? 그 기준은 누가 정하는 것일까? 길이에 상관없이 시소의 무게중심은 딱 한 곳인 것처럼 정확한 중립도 하나뿐이다. 나머지는 조금이라도 한쪽으로 쏠려 있다. 따라서 경제 기자 역시 어느 쪽으로든 치우쳐 있다고 보는 것이 맞다. 그렇다면 경제 기자는 경제의 3주체, 즉 정부, 기업, 가계 중 누구의 입장에 중점을 둘 가능성이 클까? 이에 대해서는 상식에 따라 짚어

보면 어느 정도 윤곽을 잡을 수 있다.

첫째, 기사를 만들어내는 방송국이나 신문사, 통신사는 모두 기업이다. 그러므로 각 기자들의 개인적인 입장과는 별개로 '논조'라 부르는 기사의 방향은 해당 기업에 유리하게 설정된다. 다시 말해, 기업에 소속된 기자들은 기업에 유리하게 경제적 이슈를 분석할 확률이 높다. 실제로 자신이 속한 기업을 비판하는 기자는 찾아보기 쉽지 않다.

둘째, 기업이 존재하는 곳은 자본주의 세상이다. 그러므로 사회적 기업이 아닌 이상 대부분의 기업은 '금전적 이익이 커지는' 입장을 취할 것이다. 그렇다면 신문사나 방송국은 어디서 수익을 얻을까? 자세히 살펴보자면 너무 복잡하니 두 가지로 압축해 골라보자. 가계일까? 기업일까? 신문사의 경우 유료 구독자의 수가 꾸준히 줄어들어 기업 광고 수익이 구독 수익을 뛰어넘은 지 오래다. 시청료를 받는 KBS를 제외하면 방송국 역시 가계에서 얻는 수익이 거의 없다. 주문형 비디오VOD, Video On Demand 상품을 판매하긴 하지만 그 수익도 기업들이 방송국에 주는 광고료보다는 적다. 그럼 신문사나 방송국 입장에서 기업과 가계 중 어디가 더 중요할까? 당연히 기업이다. 상황이 이러하니 경제 기사 중에는 '기업의 이익'에 치중한 것이 많을 수밖에 없다. 이런 기사들은 기업의 이익이 늘어나도록 돕거나 줄어들지 않도록 지키는 수단이 된다.

셋째, 정부와의 관계는 어떨까? 정권은 5년마다 교체된다. 어떤 정권은 '경제적 정의'에, 또 다른 정권은 '경제적 성장'에 집중한다. 둘 중 뭐가 맞느냐고 물어서는 안 된다. 여기서는 정치적 문제를 논하려는 것이 아니기 때문이다. 대신 어떤 정부가 '수익의 극대화'라는 기업의 입장에 부합할지 생각해보자. 아무래도 기업은 성장에 집중하는 정부를 더 긍정적으로 느낄 것이고, 방송국과 신문사도 마찬가지일 것이다.

자, 결론이 나왔다. 경제 기사의 무게중심은 기업의 입장에 쏠릴 가능성이 매우 크다. 이는 경제 기사를 읽을 때 자신의 판단에 따라 해석하고 행동하라는 이유 중 하나이기도 하다. 기업에 소속되어 있지 않아도 기사의 논조대로 읽다 보면 기업의 논리를 따라가기 쉽다. 여러분이 기업의 오너 또는 주주(주주도 기업의 주인이기 때문에 기업 입장에 서도 된다)라면 그 주장을 그대로 받아들여도 상관없다. 하지만 사회초년생이 처음부터 기사의 논리를 수용하는 습관을 들이면 나중에 방향을 잃고 헤매기 쉽다.

심지어 기자들도 그런 난처한 상황에 처하고는 한다. 예를 들어, 최저임금 인상과 주 52시간 근무제 시행으로 기업 운영이 힘들어지고 경제가 어려워졌다고 보도하던 기자들이 있다. 그런데 이들은 자신이 속한 노조의 노보를 통해 사용자(회사)를 상대로 임금 인상과 주 52시간 근무제 준수를 반드시 관철시켜야 한다고 강하게 주장한다. 그런 주장을 펼치면서 회사가 망하지 않을까 걱정하는 기자는 거의 없다. 그들이 썼던 기사의 내용과는 상반된 모습이다.

특정 입장에 치우쳤다고 해서 경제 기사를 '몹쓸 것'으로 생각해서는 안 된다. 기사에 그 기사를 쓴 기자의 편견이 들어가는 것은 불가피한 일이다. '기레기'라서 그런 것이 아니라 사람이라면 누구나 편견을 가지고 있기 때문이다. 그 편견을 적당히 덜어낸 후 진위를 가늠해볼 수 있는 능력을 기르는 것이 중요하다. 믿을 수 없다는 이유로 외면해버리면 기사 속에 담긴 '사실fact' 또는 '데이터data'를 얻을 수 없다. 물론, 커뮤니티 등에서 일부 사실과 자료를 얻기도 하지만 이 역시 특정 방향에 편중되어 있을 가능성이 크다. 현재로서는 저렴한 비용으로 사실, 데이터, 흐름과 같은 경제적 판단의 근거를 얻을 수 있는 창구는 경제 기사가 유일하다. 심지어 우리나라의 온라인 기사는 무료에 가깝다. 그러므로 경제 기사를 읽어야 한다.

경제와 친해지는 '연결 고리' 만들기

나와 상관없는 이야기에 관심을 가지라는 말을 수백 번 들어봤자 와닿지 않는다. 간단한 예로 영어를 떠올려보자. 아주 어릴 때부터 영어 공부를 해도 영어를 능숙하게 하는 사람은 흔하지 않다. 그런데 만약 여러분이 어렸을 때 옆집에 영어만 할 줄 아는 사람이 살았고, 좋든 싫든 그 사람과 놀아야 했다면 어땠을까? 아마도 '영어를 공부해야 해!'라는 강박관념 없이 자연스럽게 영어를 사용하며 놀았을 것이다.

이와 마찬가지로 경제에 관심을 가지려면 머리로 이해하는 것이 아닌 몸으로 체험하는 것이 가장 좋다. 경제를 체험하려면 경제와의 '연결 고리'를 만들어야 한다. '투자'를 하며 자발적으로 만드는 경우도 있고, '대출'을 받아야 해서 어쩔 수 없이 만들게 되는 경우도 있다. 당연히 추천하는 방법은 전자다. 주식 투자에 관심을 가지고 싶다면 딱 1만 원어치의 주식을 사는 것으로 시작하면 된다. 몇 주를 샀든 주식을 사본 적이 있는 사람과 없는 사람은 주식 시장을 대하는 태도가 완전히 다르다. 내가 주식을 가지고 있는 기업의 기사는 아무리 사소해도 눈에 들어오고, 눈에 띄는 기사가 없으면 찾아보게 된다.

펀드도 주식과 같은 방법으로 시작할 수 있다. 딱 하나의 상품을 골라 최소한의 금액으로 가입해보자. 그것만으로도 연결 고리가 만들어진다. 상대적으로 자금이 많이 필요한 부동산은 어떨까? 최근에는 인터넷 검색을 통해 부동산 시세를 확인할 수 있는데, 그중 매물 하나를 골라 그것을 샀다고 가정해보면 된다. 가상의 구매이지만 투자에 대한 여러분의 판단이 맞았는지 간접적으로 경험해볼 수 있다. 간접경험을 해본 뒤에는 더 이상 부동산 정책을 다룬 기사가 딴 세상 이야기로 여겨지지 않을 것이다.

이렇게 연결 고리를 만드는 것이 경제와 친해지는 유일한 방법이다. IT 인프라가 발달한 우리나라에서는 모의 주식 투자, 아파트 분양 정보 검색, 부동산 시세 및 실거래 조회 등을 활용해 다양한 방법으로 경제를 '게임'하듯 즐길 수 있다. 경제가 낯설게 느껴진다면 경제를 체험할 수 있는 방법을 찾고 연결 고리를 만드는 일을 실천하지 않았을 뿐이다.

현실적 올바름의 세계로 떠나라

사회초년생에게 경제 뉴스를 보고 기사를 읽으라고 하는 것은 스마트폰으로 게임을 하느라 정신이 없는 아이에게 부모가 "게임 그만하고 얼른 숙제해라!"라고 말하는 것과 같다. 스마트폰을 놓지 못하는 아이들처럼 새는 월급을 바라보기만 하는 사회초년생들은 '이러면 안 되는데'라고 생각하면서도 정작 그것을 고치지는 못한다. 이를 극복하려면 내가 좋아하는 것이 무엇인지를 알고 유익한 습관을 가져야 한다.

머리로는 이해했음에도 몸이 따르지 못하는 것은 비단 사회초년생만의 문제는 아니다. 그들보다 나이와 경험이 많은 이들은 물론, 위대한 역사적 인물들조차도 늘 고민했던 문제다. 그러므로 사회초년생들에게 그들이 못하는 것을 강조하여 죄책감을 느끼게 만들 필요는 없다. 중요한 것은 지식을 이해한 뒤에 한 가지라도 실천하는 것이다. 어차피 '아는 것'과 '하는 것'이 100% 일치할 수는 없다. 불가능한 일을 목표로 삼고 끊임없이 자책하는 어리석은 행동은 당장 멈춰야 한다.

할 수 있는 것부터, 그리고 눈에 보이는 것부터 시도하라. 첫 번째 시도를 하는 그 순간이 바로 현실적 올바름이 실현되는 시작점이다. 그런 다음 점차 가짓수를 늘려가면 된다. 한 걸음씩이라도 움직여보자. 당장은 별다를 게 없다고 생각될지 몰라도 시간이 흐른 뒤에 자신을 돌아보면 무척 달라져 있을 것이다.

차례

1 '경기'란 무엇인가?

2 금리는 경제적 행동의 신호등

'경기'란 무엇인가?

핵심 개념

경기

경제의 상태를 말한다. 경기가 좋으면 생산과 소비가 촉진되고 취업률이 높아지며 복지가 늘어난다. 경기가 나쁘면 생산과 소비가 위축되고 실업률이 높아지며 복지가 줄어든다.

GDP(국내총생산)

한 나라 안에서 생산된 부가가치를 모두 더한 것이다. 그 나라의 국경 안에서 외국인이 생산한 가치도 GDP에 포함된다. 한 나라의 경제 수준을 정확히 파악하려면 인구와 부채, 1인당 GDP 등을 모두 고려해야 한다.

경제주체

경제활동에 참여하는 개인 또는 집단을 가리킨다. 대표적인 경제주체로는 가계, 기업, 정부가 있다. 각 주체마다 처한 상황과 입장이 다르므로 경제 뉴스나 기사를 볼 때는 이에 유의해야 한다.

경기가 궁금할 땐
친구의 씀씀이를 확인하라

경기란 경제의 상태라고 이해하면 된다. 경기의 정의가 무엇인지 고민하는 것보다 더 중요한 것은 '경기가 좋다'와 '경기가 나쁘다'라는 말의 의미를 직접 표현해보는 것이다. 주변에서부터 시작해보자. '경기가 좋다'는 주변 사람들의 씀씀이가 커지는 것을 의미하고, '경기가 나쁘다'는 주변 사람들의 지갑이 닫히는 것을 의미한다. 조금 더 확장해보면 '경기가 좋다'는 것은 내가 가는 식당의 주인이 돈을 잘 번다는 뜻이다. 씀씀이가 커진 사람들이 식당에 가서 밥을 사 먹을 확률이 높아지기 때문이다. 식당 주인이 돈을 잘 벌면 자연스레 그 식당에 식재료를 공급하는 사람들도 돈을 더 벌게 된다. 자, 여기까지 이해했다면 여러분은 가계와 자영업자들이 체감하는 '경기가 좋다'의 의미를 파악한 셈이다.

범위를 더 넓혀보자. 식당에서 사용하는 재료 중 쌀은 국내산이 많지만 축산물이나 해산물은 외국산이 많다. 특히 육류는 국내산을 따로 강조해서 표시할 정도로 외국산을 많이 사용한다. 외국의 축산업자들이 한국에 있는 식당에 직접 고기를 판매할 리는 없다. 누가 그 사이에서 중개자 역할을 할까? 바로 수입업자다. 즉, 나와 내 주변 사람들의 씀씀이가 커지면 수입업자 또는 수입업체의 매출이 늘어난다. 가계와 자영업자의 경우와는 미묘하게 다른 표현을 썼는데 알아챘는가? '돈을 많이 벌다'가 아닌 '매출이 늘다'라고 했다. 여러분은 이제 기업의 입장에서 '경기가 좋다'를 표현할 수 있게 되었다.

내 월급이 늘어나면 정부도 돈을 번다?

이번에는 방향을 조금 바꿔 생각해보겠다. 자신이 평범한 직장인이라고 가정해보자. 여러분의 연봉은 정해져 있을 것이다. 그런데 매월 입금되는 월급은 연봉의 12분의 1보다 적다. 이를 정확하게 설명하려면 여러 개념과 용어를 동원해야 하겠지만, 쉽게 말해 '정부가 떼어간' 것이다. 월급에서 정부가 가져가는 돈이 세금이다. 엄밀히 따져 연금과 같은 사회보장성 돈은 세금에 포함되지 않으나 여기서는 그냥 '정부가 가져가는 돈=세금'이라 뭉뚱그리는 것이 좋겠다. 정부는 직장인뿐만 아니라 자영업자와 기업에게서도 세금을 떼어간다. 돈을 많이 벌수록 세금을 많이 내야 한다. 그래서 사람들의 수입이 늘어나면 '정부의 세수가 늘어난다'.

처음부터 다시 정리해보면 경기가 좋을 때는 개인의 씀씀이가 커지고, 식당 주인이 돈을 더 벌고, 수입업체의 매출이 늘고, 정부의 세수가 증가한다. 그런데 개인은 어디서 돈이 생겨 씀씀이가 커진 것일까? 이 개인은 돈을 더 벌게 된 식당 주인일 수도 있고 매출이 늘어난 수입업체의 직원일 수도 있다. 세금을 많이 걷은 정부는 더 많은 복지 정책을 펼친다. 낙후된 도로를 고치고, 전철역에 엘리베이터를 추가로 설치하고, 사회적 약자를 위한 지원금을 늘린다. 그 결과 사람들은 행복해지고 서로에게 관대해진다.

이번엔 반대의 상황을 떠올려보자. 경기가 나빠지면 어떤 일이 벌어질까? 우선 사람들의 지갑이 닫힌다. 외식을 적게 할 테니 식당 주인의 매상이 줄어들고, 식당의 매상이 줄었으니 식재료 주문량도 줄어든다. 이는 곧 축산물 수입업체의 판매량 감소를 의미한다. 판매량이 줄었으므로 재고 관리 비용은 늘어나고 매출은 줄어든다. 정부 역시 세금을 적게 걷을 수밖에 없다. 개인이 돈을 쓰지

경기가 좋을 때와 나쁠 때

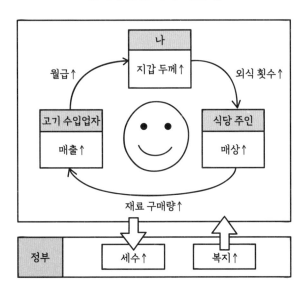

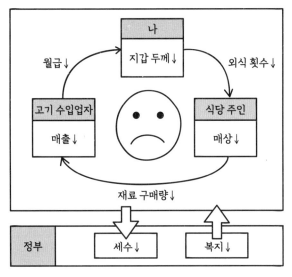

않으면 자영업자와 기업은 지출을 줄이고, 사람을 덜 뽑고, 시설 투자를 뒤로 미룬다. 세수가 줄어든 정부는 긴급하지 않은 일에는 예산을 줄이거나 쓰지 않게 된다. 그래서 경기가 나빠지면 사람들의 표정이 굳고 서로에게 각박해진다.

수치로 말해야 설득력이 높아진다

'경기가 좋다'와 '경기가 나쁘다'는 의미는 이렇게 각자의 위치에서 해석하면 된다. 더 쉬운 표현을 하나만 더 살펴보기 위해 우리나라 사람들이 모두 모여 빵을 나눠 먹는다고 가정해보자. '경기가 좋다'는 것은 그 빵의 크기가 커진 것을 의미하고, '경기가 나쁘다'는 것은 그 빵의 크기가 작아진 것을 의미한다. 이 정도 개념만 알고 있어도 시장경제에서 살아가는 데 큰 문제가 없다.

경기가 좋아졌다는 것은 보통 수치로 표현한다. 수치로 보면 신뢰도가 올라가고 비교도 가능하다는 장점이 있다. 여러분에게 좋아하는 사람이 생겼고, 그 사람도 여러분을 좋아하는 것 같다고 해보자. 이 이야기를 친구들에게 말했더니 "너의 착각이야!"라고 답한다. 이 경우 상대방이 여러분을 좋아한다는 것을 친구들이 믿게 만들려면 어떻게 해야 할까? '나의 느낌'을 절절한 표현으로 묘사하는 것보다 수치로 설명하는 것이 좋다. 만남이나 통화 횟수,

만남의 기간이나 빈도 등이 적절한 지표가 될 수 있다. 경제도 마찬가지다. '좋다', '나쁘다'를 표현할 때 몇 가지 지표를 곁들여 이야기하면 훨씬 설득력이 생긴다. 더불어 불확실한 감에 의지하는 일도 줄일 수 있다.

반도체의 힘…대만, 올해 한국 1인당 GDP 따라잡나
《중앙일보》, 2022.04.26.)

위의 기사 제목은 자주 볼 수 있는 전형적인 헤드라인 중의 하나다. 이 헤드라인에서 '1인당 GDP'가 무엇을 가리키는 것인지 모를 수도 있다. 그래도 괜찮다. 앞으로 이어질 이야기들을 읽다 보면 자연히 깨닫게 될 것이다.

'밥'으로 보는
경제의 기초

사람들은 보통 경제를 '먹고사는 것'으로 인식하고 표현한다. 흔히 경제적으로 어려울 때 "먹고살기 힘들다"라고 말하는 것만 봐도 그렇다. 일상생활에서는 이 정도로 충분하지만 뉴스를 볼 때는 조금 더 알아야 한다. 대부분의 뉴스에서는 '먹고살기의 난이도' 대신 다른 표현을 쓴다. 대표적인 것이 GDP다. 다음 기사 제목들을 보자.

가계 빚, 1분기도 GDP 대비 세계 1위…기업도 커지는 빚 폭탄

《서울신문》, 2022.06.07.)

GDP 대비 기업 빚 환란 후 최고치…베트남 이어 증가 속도 2위

《매일경제》, 2022.11.25.)

내수 덕에 3분기 역성장 모면했지만…"4분기 -0.6% 가능성"

《문화일보》, 2022.12.01.)

반도체의 힘…대만, 올해 한국 1인당 GDP 따라잡나《중앙일보》,

2022.04.26.)

위의 두 헤드라인에는 'GDP 대비'라는 말이 나온다. GDP가 어떤 기준이 된다는 것을 알 수 있다. 세 번째 헤드라인에는 GDP가 숨겨져 있고, 네 번째엔 '1인당'이라는 조건이 붙어 있다. 숨겨진 GDP를 찾아 기사의 내용을 해석하려면 GDP의 뜻을 먼저 이해해야 한다.

GDP = 밥그릇의 크기

어렵게 설명하자면 GDP는 '한 나라의 모든 경제주체가 만들어낸 부가가치의 합'이다. 좀 더 쉬운 표현으로는 '한 나라의 밥그릇 크기'라고 할 수 있다. 즉, 한 나라의 국경 안에서 만들어진 생산물

(부가가치의 합=돈이 되는 가치=밥)을 모두 더한 것이다. 외국인이 만들어낸 가치도 상관없다. 중요한 것은 국경이다. 그래서 국'내'총생산Gross Domestic Product이라고 한다.

밥그릇의 크기가 클수록 보다 많은 사람들이 충분히 먹을 수 있다. 우리 집 밥그릇보다 옆집의 밥그릇이 더 크면 옆집 사람들이 우리 가족보다 밥을 많이 먹을 가능성이 높다. 여기서는 밥그릇이라고 했지만 밥의 양이라고 해도 되고 파이의 크기라고 해도 된다. 이처럼 경제를 직관적으로 설명해주는 GDP는 '한 나라의 경제력'을 나타내는 대표 수치로 자주 사용된다.

나라가 잘사는 것과 내가 잘사는 것은 다르다. 똑같은 크기의 밥그릇(동일한 GDP)을 가진 두 나라가 있다고 해보자. 한 나라는 인구가 10명이고, 다른 한 나라는 인구가 100명이다. 이때 어느 나라 국민이 더 잘 먹을까(잘살까)? 당연히 인구가 10명인 나라다. 밥그릇의 크기가 같다면 그 안에 담긴 밥을 100명이 나눌 때보다 10명이 나눌 때 더 많이 먹을 수 있기 때문이다. 따라서 개인에게는 국가의 전체 GDP도 중요하지만 1인당 GDP 역시 무시할 수 없는 지표다.

GDP = 일정 기간 동안 한 나라 안에서 새롭게 만들어낸 부가가치의 총합

1인당 GDP = 전체 GDP ÷ 그 나라의 국민 수

한동안 계속 상승하던 우리나라의 1인당 GDP는 현재 주춤하고 있다. 그런데 이상하게도 상승할 때나 주춤할 때나 나의 주머니는 항상 가볍다. 왜 그럴까? 그 이유로는 여러 가지가 있는데, 우선 환율에 따른 착시 효과를 생각해볼 수 있다. 예를 들어 환율이 1달러에 1,000원일 때의 3만 달러와 1달러에 2,000원일 때의 3만 달러는 가치가 완전히 다르다. 3만 달러를 원화로 바꿨을 때 금액 차이가 두 배나 난다. 또 다른 이유는 전체 GDP를 개개인이 정확히 같은 비율로 나눠 가지지 않기 때문이다. 밥그릇 안에 든 밥을 나눌 때 누구는 밥주걱으로 한 번 퍼가고, 누구는 찻숟가락으로 한 번 퍼가는 경우다. 똑같이 한 번씩 떴지만 내 입에 들어가는 밥(체감하는 소득)의 양은 나라의 밥그릇 크기와는 별개의 이야기가 된다. 일반적으로는 1인당 GDP가 오르면 좋다고 보는 것이 맞다. 그러나 때로는 1인당 GDP의 상승이 '나'와는 무관할 수도 있다. 그래서 뉴스를 세세하게 읽어야 한다.

경제성장률 = 밥그릇 크기의 증가율

경제성장률은 GDP의 성장률을 의미하고, 이는 곧 한 나라의 밥그릇 크기가 얼마나 커졌는지를 보여준다. 그래서 한 나라의 경제력 수준을 확인할 때 보통 GDP 성장률을 지표로 삼는다(1인당 GDP

한 나라의 GDP 성장률을 확인하는 방법

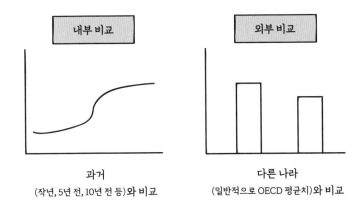

내부 비교	외부 비교
과거	다른 나라
(작년, 5년 전, 10년 전 등)와 비교	(일반적으로 OECD 평균치)와 비교

를 보기도 한다). 이때 그 나라의 과거 GDP 수치와 비교하여 시간의 흐름에 따라 경제적으로 얼마나 성장했는지 확인하는 방법과 같은 시기 다른 나라의 GDP 수치와 비교하여 국제사회에서의 경제력 수준을 확인하는 방법이 있다.

수많은 나라들이 경제성장률을 중요시하며, 그 수치에 목을 매는 이유를 더 자세히 설명할 필요는 없을 듯하다. 우리의 밥그릇 크기가 커지는지 작아지는지 혹은 별 차이가 없는지는 중요할 수밖에 없는 문제이기 때문이다.

부채 = 남에게 줘야 하는 밥의 양

GDP는 한 나라 안에서 새롭게 만들어지는 가치를 모두 더한 것이다. 반대로 한 나라 안에서 누군가 부채, 즉 빚을 만들어냈다면 이것도 모두 더해서 살펴봐야 한다. GDP가 증가하는 건 좋은 일이다. 하지만 부채도 함께 커진다면 과연 좋기만 할까? 쉽게 생각해보자. GDP가 밥그릇의 크기라면 부채는 남(돈을 빌려준 상대)에게 줘야 하는 밥의 양이다. 내가 100인분의 밥을 가지고 있다고 한들, 90인분의 밥을 다른 사람에게 줘야 한다면 우리가 먹을 수 있는 밥은 겨우 10인분밖에 남지 않는다. 이것이 부채다.

부채는 누가 빚을 졌는지에 따라 다른 이름으로 부른다. 정부가 빚을 졌으면 '국채(국가부채)'다. 국채에는 중앙정부의 빚과 지방정부의 빚이 모두 포함된다. 그 외의 공공기관이 진 부채까지 포함할지 말지는 의견이 분분하다. 기업이 빚을 지면 '기업부채', 가계가 빚을 졌으면 '가계부채'로 부른다. 이 부채가 얼마나 큰지를 따질 때 GDP와 비교하는 경우가 많다. GDP가 높아도 부채가 많다면 장기적으로는 경기가 안 좋을 가능성이 높다. 기업과 가계도 마찬가지다.

전반적인 경기를 파악하려면 '공격'과 '수비'를 잘 가늠해야 한다. 공격 측면에서는 GDP를, 수비 측면에서는 부채를 확인하면 된다. 수비가 엉망이면 공격을 잘해도 이기기 어렵다. 아무리 득점해

GDP와 부채의 관계

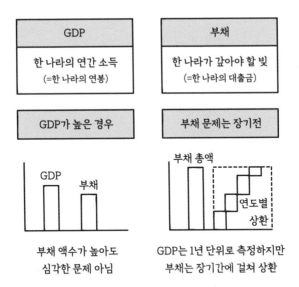

도 상대에게 점수를 계속 내주는 상황에서는 수비를 탄탄하게 만드는 것이 급선무다. 따라서 꾸준한 경제성장을 이루기 위해서는 부채를 줄여야 한다. 부채의 규모 역시 GDP의 규모만큼 중요하다.

경제는 '사람'이라는 블록들로 이루어진 레고 작품

인구는 경제성장에 꼭 필요한 요소다. 우리나라에서는 특히 더 그렇다. 첫 번째 이유는 주요 자원(그중에서도 원유)이 생산되지 않는

데다가 국토 면적이 작아 1차 산업(농업, 축산업, 수산업, 임업 등)의 기반이 매우 약한 나라이기 때문이다. 그래서 '사람이 자원이다'라는 말을 해도 이상하지 않다. 두 번째 이유는 빠르게 진행되고 있는 인구구조의 변화다. 저출산과 고령화로 '인구 절벽(한 국가의 인구 중 만 15~64세에 해당하는 생산 가능 인구의 비율이 급격히 감소하는 현상)'의 위기가 현실로 다가오고 있다. 그래서 우리나라의 인구 변화는 다른 나라보다 훨씬 심각하고, 전체 경제의 흐름을 바꿀 수 있을 정도로 매우 중요하다.

경제에서 인구가 왜 중요한지, 인구가 경제에 어떤 영향을 끼치는지 상상하기는 쉽다. 다만 사람과 관련된 문제이다 보니 수치나 논리보다는 감정적으로 대응할 가능성이 높다. 하지만 돈으로 돌아가는 경제에는 감정이 들어갈 여지가 별로 없다. 그러므로 인구 문제를 바라볼 때는 조금 더 냉정해야 제대로 평가할 수 있다.

레고 블록으로 만든 작품을 떠올려보자. 하나의 작품 안에 수백, 수천 개의 블록들이 들어가 있다. 한 나라의 경제를 '훌륭한 레고 작품'이라고 한다면, 인구를 구성하는 사람 한 명 한 명은 각각 하나의 레고 블록과 같다. 기본적인 경제 규모를 갖추려면 적당한 양의 레고 블록들이 있어야 한다. 지금부터 인구와 경제의 관계를 레고로 표현해볼 것이다.

중국이나 인도를 가리켜 '거대 시장'이라고 한다. 인구가 10억 명이 넘기 때문이다. 동남아의 긍정적인 경제성장 가능성을 이야기하는 기사들을 눈여겨봤다면 기사마다 성장의 원동력으로 그 나라의 많은 인구를 빼놓지 않고 언급한다는 것을 알아챘을 것이다. 이를 보면 아직 충분히 성장하지는 않았어도 엄청난 잠재력을 지녔음을 알 수 있다. 방 하나를 가득 채울 만큼의 레고 블록을 가진 사람과 겨우 한 줌의 레고 블록을 가진 사람이 있다면 둘 중 누가 더 멋진 작품을 만들 수 있을까? 당연히 블록을 많이 가진 쪽이다. 그래서 한 나라의 경제성장을 파악할 때 인구를 따져야 한다.

'16억 인구' 향하는 인도, 3대 경제대국 된다(《한국경제》, 2022.11.24.)

'인구 절벽'에 대한민국 침몰 위기…성장 모멘텀 상실 징후 뚜렷 (《문화일보》, 2022.10.06.)

일본에 놀랐던 머스크 "한국, 세계서 가장 빠르게 인구 붕괴" (《조선일보》, 2022.05.27.)

같은 관점에서 위 헤드라인들을 보면 경제에서 인구가 왜 중요한지 보다 명확히 알 수 있다. 새로 태어나는 아기가 줄어들었다는 것은 '레고 블록의 공급이 끊긴' 상황이다. 이 경우 현재 멋진 레고 작품을 만들어두었어도 그보다 더 멋지고 화려한 작품(더 풍요로운 경제)을 만들기가 쉽지 않다. 그렇기 때문에 출산율이 떨어지면 (인구가 줄어들면) 경제성장 동력이 약해진다.

인구 블록을 조립할 때 알아둬야 하는 것들

레고 블록의 수가 부족하면 조립이 어려워질 수밖에 없다. 블록이 사람이라면 조립은 고용과 취업을 의미한다. 다시 말해 인구가 줄어들면 고용 시장에 먹구름이 낀다. 그렇다면 블록들을 조립할 때 필요한 만큼의 블록을 추가로 구매하는 것처럼, 다른 곳에서 돈을 주고 사람을 사오면 될까? 맞다. 줄어든 노동력을 외국에서 들여와 채운다. 그 과정에서 이민 정책이 마련되기도 하고, 외국인 노동자 관련 문제가 발생하기도 한다. 하지만 외국의 노동력을 활용하는 것에는 한계가 있다. 결국 근본적 대책은 인구를 늘리는 일이다. 국내에서 레고 블록을 생산해내야 한다. 그래서 정부는 출산율을 높이는 정책을 강하게 추진한다. 최근 우리 정부가 출산율을 높이기 위해 다양한 정책들을 내놓는 것도 이런 배경이 있어서다.

인구 절벽 대안 '이민청' 설립 논의 시동…'사회적 거부감'은 과제(《매일신문》, 2022.10.19.)

단순히 '인구=머릿수=레고 블록 수'라는 숫자만 생각하는 것에서 한 단계 더 들어가보자. 전체 작품을 구성하는 레고 블록의 종류가 바뀌면 어떤 일이 벌어질까? 전체 작품의 모양이 달라질 것이다. 경제에서는 어떨까? 1인 가구의 비중이 증가했다는 것은 그동안 4×6 사이즈의 블록이 많았는데, 이제는 1×1 또는 1×2 사이즈의 블록이 대폭 증가했다는 의미다. 우리나라는 1인 가구가 급증하며 경제구조 자체가 3인 또는 4인 가족 중심에서 1인 가구 중심으로 변했다. 마트에 밀키트 식품이 눈에 띄게 많아진 것도 이와 관련이 깊다. 사람들이 선호하는 주택의 크기가 소형화되고, 소수의 사람을 위한 제품의 구매가 늘어난 것도 마찬가지다. 이처럼 인구구조의 변화는 경제구조를 바꿔놓는다.

이번에는 사용한 지 오래된 레고 블록이 유난히 많다고 가정해보자. 레고 블록은 끼워서 조립해야 하는데 그런 블록이 낡고 헐거워지면 정교한 작품을 만들기 어렵지 않을까? 작품이 부서질 우려도 커지고, 사용할 수 없을 만큼 망가진 블록도 생길 것이다. 이것이 바로 고령화의 문제다. 고령화가 극심한 사회를 레고에 빗대어보자면 작품 제작에 사용하기 어려운 상태의 블록들이 잔뜩 있는 상황과 같다. 동일한 맥락에서 빈곤을 색이 바랬거나 깨진 레고로 볼 수도 있다. 오래된 블록처럼 이 역시 작품에 쓰기 부적합하다. 레고 블록이라면 오래되고 망가진 것들을 골라 버리고 새로 사면 그만이겠지만, 사람은 그럴 수 없다. 그래서 고령화는 한 나라가 안고 가야 하는 문제가 된다.

고령화↑ / 출산율↓ ⇨ 생산 가능 인구↓ ⇨ 생산율↓ ⇨ 외국인 노동자↑
⇨ 외국인 노동자와 경쟁하는 국내 계층의 불만↑ ⇨ 사회 문제 발생

물론, 사람을 레고에 비유하는 것은 적절하지 않다. 그럼에도 이런 비유를 하는 것은 경제 문제의 해법을 고민할 때는 '사람'을 대하는 입장에서 한발 떨어져 지켜봐야 냉정하게 판단할 수 있기 때문이다. 마지막으로 한 가지 더 덧붙이자면 레고 블록들이나 그것들로 만든 작품뿐만 아니라 그 블록들을 사용할 사람이 쓸모 있는지 없는지도 평가해야 한다. 그 사람이 '나는 건강하다'고 주장하더라도 말이다.

세 명의 주인공이 만드는 작품, 경제

경제활동에 참여하는 개인 또는 집단을 경제주체라고 부르고, 한 나라의 경제주체는 세 가지로 나뉜다. 가계, 기업, 그리고 정부다. 현대사회에서는 어떤 형태로든 국제경제에 얽혀 있을 수밖에 없기 때문에 '외국'이라는 주체를 추가하기도 한다.

한 나라의 경제는 가계, 기업, 정부라는 세 주체가 주인공이 되어 만드는 작품이라 볼 수 있다. 세 주체가 모두 주인공인 이유는 셋 중 어느 하나라도 들러리가 되면 훌륭한 작품을 만들 수 없기 때문이다. 경제는 세 주인공이 각각 제 역할(경제행위)을 잘하면서 서로 대사를 매끄럽게 주고받을 때 명작으로 거듭난다.

이때 외국이 끼면 좀 복잡해진다. 그러니 외국에 대해서는 나중에 자세히 이야기하기로 하고, 우선 중요한 세 주인공들의 관계부터 정리해보기로 한다. 경제 속에서 세 주체가 하는 역할과 행동은 모두 작품의 줄기가 되는 플롯을 구성하는 요소들이라 이해하면 된다.

세 경제주체의 입장 이해하기

기업과 정부라는 단어는 친숙한데, 가계는 조금 낯설다. 때로는 가계라는 말이 경제를 이해하는 데 방해가 되기도 한다. 꼭 나와 상관없는 이야기처럼 느껴지기 때문이다. 여러분이 경제학자나 기자가 아니라면 가계라는 단어를 '나', '우리 집', '사람들' 등으로 바꿔 이해해도 큰 무리가 없을 것이다.

개념을 잡고 나면 오른쪽 그림이 명확하게 들어온다. 나 또는 우리집은 주로 '쓰는 사람(소비 주체)'의 입장에서 생각하는 것이 적합하다. '이렇게 장사하면 저 사장님(또는 회사)은 망할 텐데……'라는 생각은 고상하긴 해도 권장할 만하지는 않다. 다들 알아서 먹고산다. 우리가 집중해야 할 부분은 '어떻게 해야 내가 돈을 더 잘 쓸 수 있을까?'다.

이와 달리 회사(기업)는 '버는 사람(판매 주체)'의 입장에서 생각해야 어울린다. '어떻게 해야 돈을 가장 많이 벌 수 있을까?'를 고민해야 한다는 이야기다. 회사는 싼 가격에 많이 파는 것과 비싼 가격에 조금 파는 것 중 어느 것이 더 많은 이익을 내는 방법인지를 따져야 한다.

한편, 정부는 '무엇이 공정할까?'를 알아보는 주체다. 오로지 돈만 목표로 삼으면 소비자나 생산자가 서로를 속이려 들지도 모른

경제주체별 역할과 목표

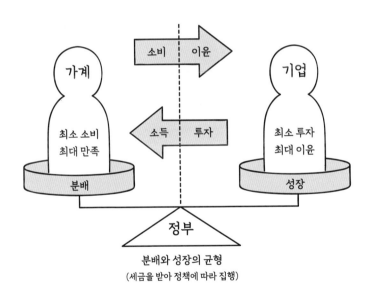

분배와 성장의 균형
(세금을 받아 정책에 따라 집행)

다. 그것을 막는 것이 정부의 역할이다. '이 경우에는 당신이 양보하는 것이 옳다'며 경제활동의 심판이 되어준다. 그런데 정부가 공정함만을 요구할 경우에는 경제적 이익을 추구해야 하는 경제주체들의 의지가 떨어진다. '어떻게 해야 경제주체들이 경제활동에 관심을 가질까?'를 고민하는 것도 정부가 해야 하는 일이다. 그래서 정부는 도덕적 또는 법적 비난을 받지 않으면서 경제적 이득을 취할 수 있는 기준을 제공한다. 그래야 사람들로 하여금 경제활동에 힘쓰게 만들 수 있다. '왜 우리는 선비처럼 살 수 없을까?'와 같은 문제의 답은 인문학자들이 찾아야 할 몫이다. 경제를 인문학적 관점으로만 바라봐서는 안 된다. 돈에 대한 욕망의 해소도 적절히 이루어져야 한다.

입장에 따라 다르게 읽어야 하는 말들

경제 기사에 자주 등장하는 용어들 중에는 같은 단어지만 어떤 주체의 입장에서 읽느냐에 따라 다르게 받아들여지는 것들이 있다. 이러한 용어들을 서로 다른 경제주체의 입장에서 이해해보자. 그래야 긴 경제 기사를 읽을 때 길을 잃지 않을 수 있다.

급여는 어느 정도 수준이어야 좋을까? '높을수록 좋아!'라고 생각한다면 여러분은 임금을 받는 입장일 가능성이 크다. 반대로

'최저임금이 왜 이리 높아?'라고 생각한다면 여러분은 임금을 지급하는 기업의 입장에 있을 것이다. 임금노동자(월급쟁이)에게 임금은 소득이기 때문에 높을수록 좋다. 반면 기업에게 임금은 비용이므로 높아지면 부담스럽기 마련이다. 이처럼 경제 관련 뉴스를 보거나 기사를 읽을 때는 자신의 위치를 염두에 두어야 제대로 이해할 수 있다. 최저임금을 두고 툭 하면 논쟁이 일어나는 것 역시 각자의 위치와 입장이 달라서다.

가격도 입장에 따라 다르게 보이는 용어다. 가격은 낮아야 좋을까, 아니면 높아야 좋을까? 소비자의 입장에 있는 사람은 "싼게 좋지!"라고 답할 것이고, 생산자의 입장에 있는 사람은 "가격을 더 높여야 해!"라고 답할 것이다. 자, 여기서 표현의 차이를 눈치챘는가? 소비자는 가격을 지불하는 사람이므로 '가격이 싸다' 혹은 '가격이 비싸다'라고 표현한다. 반면 생산자는 돈을 받는 사람이므로 '가격이 낮다' 혹은 '가격이 높다'라고 표현하는 경우가 많다.

물가라는 단어는 주로 정부가 주도하는 내용의 기사에 나온다. 중립적 입장에서 물가 상승률을 관리하는 것이 정부이기 때문이다. 소비자가 중심이 되는 기사에서 언급될 때는 대체로 체감 물가, 장바구니 물가라고 나오며, 이 단어들이 등장하는 문장은 대부분 '높아서 죽겠다'라는 내용으로 마무리된다. 물가를 이야기할 때 기업은 악역을 담당하는 경우가 많다.

경기주체에 따라 다른 의미를 지니는 용어들

	가계(소비)	기업(생산)	정부(심판)
임금	버는 돈	쓰는 돈	최저임금
가격	쓰는 돈	버는 돈	물가
일자리	취업(소득)	고용(비용)	근로기준법
	실업(소득 없음)	해고(비용 절감)	실업수당
주요 금리	예금금리	–	기준금리
	대출금리	대출금리	

일자리라는 말을 떠올려보자. 이와 관련해 가계(나 또는 우리 집)는 취업에 주목한다. 기업은 취업에는 별 관심이 없고 고용에 대해서만 논한다. 정부는 취업과 고용 둘 다 섞어 쓴다. 청년들의 '취업률'을 높이기 위해 기업에게 '고용'을 늘리라고 압박하는 식이다.

금리를 다룰 때는 보통 가계와 기업이 같은 편에 선다. 금리가 높아서 문제되는 경우는 대출금리가 올라가 갚아야 할 이자가 늘어났을 때다. 예금을 많이 해놓은 사람은 금리가 오르면 오히려 행복하다. 받게 되는 이자가 늘어나기 때문이다. 그래서 금리가 오를 때는 항상 '대출자'에 대한 내용만 뉴스에 나온다.

위의 이야기는 달달 외워가며 공부할 것은 아니다. 그저 경제의 세 주체들이 서로 맞물려 있으며, 주체들이 같은 편일 때도 있고 대립할 때도 있다는 사실만 기억하자. 경제 문제에 있어 '절대적인 나쁜 놈'은 없다. 동일한 상황에 있더라도 다양한 입장과 사연이 존재한다. 그것을 유념하고 여러분 각자의 위치에 맞게 읽으면 된다. 그런 다음 자신의 위치에 따라 앞으로 어떻게 행동할지 마음먹고 실천해야 한다.

경기를 알려면 '느낌' 대신 '지수'와 친해지자

보통 사람들은 경기의 좋고 나쁨을 이야기할 때 지극히 개인적인 기준을 따른다. '요즘 경기가 너무 안 좋아'라는 주장을 뒷받침하기 위해 손님이 없어서, 장사가 안 되니까, 분위기가 안 좋으므로, 회사가 비상 경영 체제에 들어간다고 해서, 비용을 줄이라는 말을 들어서와 같은 이유를 말한다. 이런 말들은 대부분 '근거'보다 '느낌'에 가깝다. 그나마 환율이 올라서, 수출이 급감했으므로, 주가가 폭등했으니까 등 어떤 '실적'을 이유로 대는 경우는 좀 낫다.

정부는 느낌으로 경기를 진단하거나 문제에 대응하지 않는다. 일부 뉴스에서는 현장을 생생하게 전달하기 위해 일반 사람들이 말하는 문장을 그대로 사용하기도 한다. 하지만 감정을 배제하고 데이터를 근거로 이야기하는 뉴스가 더 많으며, 이런 뉴스가 보다 합리적이다.

다양한 데이터를 모아 기준에 맞게 숫자로 변환해서 그 숫자가 의미하는 바를 한눈에 알 수 있도록 만든 것이 바로 지수指數다. 일반적으로 특정일의 지수를 100이라 정한 뒤, 그 이후의 지표를 이와 대비하여 평가한다. 보통 100을 넘으면 좋은 것으로, 100을 넘지 않으면 나쁜 것으로 본다.

우리나라 정부가 중요하게 다루는 지수 중 하나를 꼽자면 '경기종합지수'가 있다. 기획재정부에서 관리하는 것으로 크게 선행지수, 동행지수, 후행지수로 구분한다.

선행지수는 말 그대로 '먼저 움직이는 숫자'다. 구인·구직 비율처럼 앞으로 벌어질 일을 예측할 수 있는 지표들로 구성된다. 구인·구직 비율이 높아 진다는 것은 일할 사람을 구하는 쪽은 줄어들고 일자리를 구하는 쪽은 늘어나고 있다는 것을 의미한다. 이는 곧 경기가 점차 나빠지고 있음을 가리킨다. 따라서 구인·구직 비율의 지수를 보면 앞으로의 경기가 좋을지 나쁠지를 가늠할 수 있다.

동행지수는 '현재와 같이 움직이는 숫자'다. 예를 들어, 시장에서 물건이 얼마나 팔리는지를 보여주는 소매판매액지수는 현재 경기를 판단하는 기준이 된다.

후행지수는 지난 경기를 돌아보며 확인하는 데 사용한다. 가계소비지출은 가계가 소비를 얼마나 했는지, 다시 말해 이미 완료된 경제활동에 대한 것이다. 만약 가계소비지출의 지수가 이전에 비해 줄었다면 그 시기의 경기가 나빴던 것이라 분석할 수 있다.

실제 뉴스에는 경기종합지수보다 물가나 증시와 관련된 지수들이 훨씬 많이 등장한다. 이에 대해서는 차차 소개할 예정이니 지금은 경기를 판단하려면 지수와 친해져야 한다는 사실만 기억하자. 모든 지수의 의미를 하나하나 파악하려 무리하지 말고 천천히 다가가면 된다. 눈에 자주 띄는 지수부터 알아보고 그 의미를 계속 곱씹어보면 저절로 경기가 잘 보이기 시작할 것이다. 물론, 모든 지수를 다 아는 날이 오게 될지라도 경기 변화를 100% 맞힐 수는 없다. 우리가 신이 아니라는 사실을 잊지 말자!

2

금리는 경제적 행동의 신호등

핵심 개념

금리
빌리거나 예금한 돈에 붙는 이자 또는 그 비율을 말한다. 돈을 빌려 쓰기 위해 내는 사용료라고 이해하면 쉽다. '이자율'이라고도 부르며, 원금의 액수에 따라 결정된다.

기준금리
통화량과 경기를 관리하기 위해 정부가 정하는 금리의 기준이다. 각 국가의 중앙은행이 결정하며, 우리나라에서는 한국은행이 관리한다.

예대마진
예금금리와 대출금리의 차이에 따라 은행이 얻는 금리 이익을 말한다.

통화정책
시장에 흐르는 돈의 양을 늘리거나 줄여 적정 수준에 맞추는 정책이다. 중앙은행이 기준금리를 조절해 경기 전반의 흐름을 관리할 때 사용하는 수단이다.

돈을 빌릴 때는
돈 사용료를 내야 한다

금리란 '돈'을 사용하기 위해 내야 하는 비용이다. 돈을 하나의 물건이라고 생각해보자. 자전거를 빌려 탈 때 우리는 돈을 낸다. 이때 내는 돈을 사용료 또는 (대여)비용이라고 한다. 그 금액은 보통 '한 시간에 1,000원'과 같이 시간 단위로 매겨진다. 자, 여기서 자전거를 돈으로 바꿔보자. 돈을 빌릴 때도 자전거를 빌릴 때처럼 사용료를 지불한다. 일반적으로 돈을 빌려 쓰는 기간은 연年 단위로 정한다. 1년 동안 돈을 빌려 쓰기 위해 내는 사용료가 바로 금리다.

이자는 어떻게 결정될까?

금리를 다른 말로 이자율이라고 하는데, '(비)율'이 붙는 이유가 있다. '사용하려고 빌리는 물건(원금)'의 크기에 비례해서 사용료가 정해지기 때문이다. 이것이 자전거를 빌릴 때와 돈을 빌릴 때의 차이다. 자전거를 빌릴 때는 온전한 한 대를 빌리지, 바퀴 하나만 빌리는 사람은 없다. 따라서 자전거를 빌려주는 사람은 한 대당 일정한 사용료를 정해놓고 대수에 따라 계산해 받으면 된다. 돈은 다르다. 100만 원도 빌릴 수 있고 1천만 원도 빌릴 수 있다. 마이너스 통장을 사용하는 경우에는 10원 단위까지도 빌릴 수 있다. 이처럼 빌리는 돈의 크기는 정하기 나름이므로 원금의 액수에 따른 비율로 사용료를 책정한다. 그래서 금리의 정확한 정의는 '원금에 따른 사용료의 비율'이다.

흔히 은행에 돈을 저금할 때 '맡긴다'라고 표현한다. 저금을 한 후 일정 기간(보통 1년)이 지나면 은행은 저금한 사람에게 이자를 준다. 그래서 저금하기 전에 어느 은행의 이자율이 더 높은지 알아보곤 한다. 돈을 맡기고 이자를 받는 것은 자연스러운 일이다. 그런데 앞서 말했듯 이자는 돈의 사용료다. 내가 맡긴 돈을 쓰고 사용료를 내는 건 누구일까? 은행이다. 은행은 고객이 맡긴 돈을 사용하는 대가로 고객에게 사용료, 즉 이자를 지급한다. 이 과정에서 은행이 손해를 보는 것은 아닐까? 그렇지 않다. 은행은 더 높은 이자율로 사람들에게 돈을 빌려주고 차익을 가져가게 된다. 이런 이익을 '예대마진'이라고 부른다.

함께 봐야 하는 예금금리와 대출금리

8년래 최대 예대금리차…다시 커진 은행 '이자 장사' 우려(《뉴시스》, 2022.11.28.)

예금금리는 은행에 예금할 때의 이자율이고, 대출금리는 은행이 대출해줄 때의 이자율이다. 예금금리와 대출금리를 줄여서 예대금리라고 부른다. 이렇게 한 묶음으로 부를 정도로 예금금리와 대출금리는 밀접하다. 예대금리차는 예금금리와 대출금리의 차이를 가리키며, 예대마진은 예대금리차에 따른 이익을 뜻한다. 위 기사 제목에서는 '은행 이자 장사 우려'라는 문구를 써서 현재 상황이 은행에 유리하고, 돈을 예금하거나 빌리는 사람들에게는 불리하다는 의미를 드러냈다.

예금금리가 5%이고 대출금리가 10%라고 해보자. 은행은 돈을 맡긴 사람에게 맡긴 금액의 5%만큼 이자를 주고, 돈을 빌려간 사람에게 빌려준 금액의 10%만큼 이자를 받는다. 이때 예금금리와

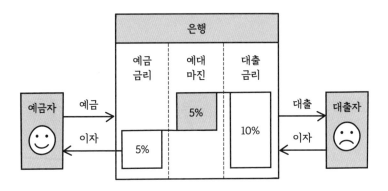

예대금리차로 수익을 얻는 은행

대출금리는 5% 차이가 난다. 그 5%의 금액이 은행의 수익이다.

앞서 경제 기사는 읽는 이의 상황과 위치에 따라 다르게 읽힌다고 말한 바 있다. 위의 예시를 보고 '은행이 돈을 많이 버네?'라고 반응할지도 모른다. 은행원의 입장에서는 '혹시 상여금이 나오지는 않을까?'라고 생각할 수도 있겠다. 은행의 고객이 위 예시를 본다면 어떨까? 예금하려는 사람이든 대출받으려는 사람이든 공통적으로 "은행만 배가 부른 거 아니야?"라고 말할 수 있다. 그런데입장에 따라 이 말에 담긴 의미가 조금 다르다. 예금하려는 사람이라면 예금금리가 너무 낮다는 것을 의미하고, 대출받으려는 사람이라면 대출금리가 너무 높다는 것을 의미한다.

그렇다고 해서 은행이 부당하게 돈을 버는 것은 아니다. 예금 유치를 위해 프로모션도 해야 하고, 돈을 빌린 뒤 갚을 능력이 있는 사람인지 미리 확인해야 하고, 돌려받지 못한 대출금으로 인한 손해도 메꿔야 한다. 이처럼 중간에서 온갖 일을 담당하니 적당한 이익을 챙기는 것은 당연하다.

어떤 이유로든 금리가 오르면 당연히 은행의 저축 상품(예금이나 적금)으로 몰리는 돈이 늘어난다. 다음 기사 헤드라인을 읽어 보자.

고금리 예금 한 달 56조 뭉칫돈 몰리자…은행 '저원가예금' 찬밥(《매일경제》, 2022.11.28.)

은행이 예금금리를 올렸든 국가가 기준금리를 올렸든, 금리가 인상되면 사람들은 예금과 적금에 더 많은 돈을 투자한다. 그런데 '저원가예금'이라는 조금 낯선 용어가 보인다. 저원가예금은 은행 입장에서 돈을 모으는(=조달) 비용이 적게 드는 예금으로 '요구불예금' 또는 '수시입출금예금'이라는 말로도 쓰인다. 이름은 익숙하지 않겠지만 사실 우리 모두 이용하고 있는 상품이다. 월급을 받거나 카드 대금이 빠져나가는 일반 통장('보통예금'이라고도 부른다)이 바로 요구불예금 또는 수시입출금예금이다. 이 예금의 특징은 예금자가 요청할 경우 언제든 아무런 조건 없이 돈을 내줘야 한다는 것이다. 다른 정기예금과 적금도 가입자가 원하면 아무 때나 돈을 돌려받을 수 있지만, 그러면 원래 받기로 했던 이자를 받지 못한다. 수시입출금예금은 상대적으로 이자율이 매우 낮다. 정기예금의 금리가 더 높은데 계속해서 낮은 금리의 상품에 돈을 넣어둘 사람은 없으므로 앞의 기사에서 '찬밥' 신세가 되었다고 표현한 것이다. 저원가예금의 인기가 너무 많이 떨어지자 요즘은 '파킹통장'이라고 재포장해서 활용하기도 한다. 주차parking하듯 돈을 수시로 넣고 뺀다는 의미에서 붙인 이름으로, 기능은 수시입출금통장과 같지만 금리가 높으면 '파킹통장', 낮으면 '수시입출금통장'으로 분류된다.

고금리 가른 현실…자산가는 더 받고, 대출자는 더 갚고《뉴시스》, 2022.11.17.)

예금금리가 올랐다는 기사를 발견했다면 예금 상품에 관심을 가져야 할 시기라는 뜻이다. 동시에 금리가 더 올라가는지 내려가는지 장기적으로 관찰해야 한다는 신호다. 계속 금리가 인상될 때는 부동산이나 주식에 투자했던 돈을 다른 쪽으로 옮기는 것을 고민해봐야 하기 때문이다.

보통 금리는 같이 오른다. 예금금리가 오르면 대출금리도 오르는 것이 정상이다. 전체 경기나 실생활에 더 큰 영향을 끼치는 것은 대출금리다. 예금금리가 높아지면 은행 입장에서는 지출이 늘어나니 곤란해지는데, 이때 은행은 예금금리를 낮출 수 있다. 하지만 대출금리가 높아진 경우에는 가계나 기업이 나서서 이를 낮출 방법이 없다. 그저 불어난 부담을 떠안고 어떻게든 빚을 갚아야 한다. 기사에서는 금리의 인상이 자산가들에게는 이자를 더 받을 수 있는 기회이지만, 대출이 있는 사람들에게는 갚아야 할 돈이 더 늘어나는 고통이라는 것을 '현실'이란 단어로 냉정하게 표현했다.

대출은
'술'과 같다

대출은 쉽게 말해 '빚을 지는 것'이다. 빚이 있다고 꼭 나쁜 것은 아니다. '무리한 대출'이 문제지 대출 자체는 문제가 되지 않는다. 이런 점에서 대출은 술과 비슷하다. 술은 적당히 마시면 좋다. 혈액순환에도 도움을 주고, 힘든 일을 잠시 잊게 해주기도 하며, 삶에 활력을 불어넣기도 한다. 하지만 감당하지 못할 정도로 과음하고 술김에 사고를 치거나 술에 지나치게 의존해 알코올중독자가 되면 문제가 발생한다. 적절한 시기에 감당할 수 있는 만큼 빌려, 현명하게 쓰고 제때 갚기만 한다면 대출을 받아도 별일이 없을 것이다.

대출을 '잘' 받으려면

대한민국 성인 중에 대출을 받아본 적 없는 사람이 있을까? 생각보다 별로 없다. 대출의 종류는 무척 다양하고, 사용자는 상황이나 용도에 따라 적합한 상품을 이용한다. 대학생들은 학자금대출을 받는 경우가 꽤 많다. 대학을 졸업하고 빌린 학자금을 다 갚을 즈음이면 집을 장만해야 한다. 이때 전세금으로 쓸 목돈이 없는 사람은 전세자금대출을 이용한다. 특히 수도권에서 집을 살 때는 거의 대부분의 사람들이 주택담보대출을 받는다. 집값이 너무 비싸기 때문이다. 마이너스 통장은 주로 직장인들이 많이 찾는 대출 상품이다. 카드론이나 대부업체를 이용하는 사람들도 간혹 있다.

이 정도가 일상에서 접하기 쉬운 대출 사례일 텐데, 이런 상품들을 이용하지 않았다고 해서 "나는 대출이 없다"고 말할 수 있을까? 너무 흔해서 대출인지도 모르고 쓰는 상품이 하나 있다. 바로 신용카드다. 신용카드의 이용 과정을 떠올려보자. 물건을 사고 신용카드로 결제한 순간 아주 신기한 일이 일어난다. 소비를 했는데 지갑이나 통장의 잔액이 줄지 않는다. 그럼에도 물건을 소유할 수 있다. 결제는 결제일이 되어야 이루어진다. 신용카드로 물건을 산 날부터 결제일이 되어 통장에서 돈이 빠져나갈 때까지 여러분은 대출 상품을 이용한 셈이다. 이처럼 대출 없이 사는 것은 매우 어렵다. 그러므로 대출을 잘 알아야 현명하게 경제활동을 할 수 있다.

은행에서 말하는 금리는 보통 '연年리'를 가리킨다. 1년 단위로 원금 대비 얼마의 이자를 주거나 받는다는 의미다. 아래의 기사 제목을 보자.

저신용자에도 문 닫는 대부업…"적정 금리 아무리 낮아도 연 26.7%"《한국경제》, 2022.11.15.)

대부업체가 돈을 빌려준 뒤 받을 수 있는 최고 금리는 법으로 정해져 있다. 이를 '법정 최고 금리'라고 부른다. 2022년 말 기준 우리나라의 법정 최고 금리는 연 20%다. 고금리 대부업체는 은행의 저금리 상품을 이용할 수 없는 사람들이 있기 때문에 존재한다. 돈을 빌리는 입장에서는 지금도 금리가 너무 높다고 생각하겠지만, 대부업체들은 시중금리가 높아지며 늘어난 대출 자금 조달 비용과 돈을 떼일 위험 등을 고려할 때 20%의 이자로는 사업을 유지하기 어렵다고 주장한다. 이미 신용등급이 낮은 사람들에게 돈을 빌려주지 않는 식으로 버티고 있으나 최소한 27% 수준으로 법정금리 기준을 높여야 한다는 것이다. 2007년 66%에 달했던 법정금리는 차츰 낮아져 현재에 이르렀다. 금리가 낮아 힘들다는 대부업체와 고금리 대출조차 받을 수 없어 불법 대출을 이용하는 사람들을 무조건 욕하기보다는 그런 사람들이 줄어들도록 사회구조를 변화시키는 것이 중요하다.

집을 사기 위해 집을 담보로 돈을 빌린다

평범한 사람들은 큰돈이 필요할 때 대개 '주택담보대출(줄여서 '주담대'라고도 부른다)'이라는 상품을 알아본다. 서울 시내에 있으면서 입지가 괜찮은 30평대 아파트의 가격은 10억 원이 훌쩍 넘는다. 그런 아파트를 가진 사람들이 전부 10억대 자산가일 리는 없다. "안방은 내 것이고, 거실이랑 작은방은 은행 거야!"라는 말은 결코 거짓이 아니다. 집을 살 때 은행에 그 집을 담보로 맡기고 돈을 빌리는 것이 일반적인 주택담보대출이다. 돈을 갚지 못하면 은행이 담보로 맡긴 집을 팔아서 빌린 돈을 받아간다는 뜻이다.

돈을 빌리는 입장에서는 대출금리가 낮을수록 좋다. 이 대출금리의 종류에 따라 대출 상품을 변동금리 상품과 고정금리 상품으로 구분한다. 돈을 빌린 뒤 갚는 동안 금리가 변하는 것이 변동금리, 변하지 않는 것이 고정금리다. 돈을 빌린 사람에게는 둘 중 어떤 금리가 더 좋을까? 금리가 변하지 않는 것이 좋을 것 같다. 가계를 쉽게 관리하려면 나가는 돈의 액수가 자꾸 변하는 것보다는 일정한 것이 나을 테니 말이다.

그런데 은행은 대출 상품을 마련할 때 변동금리 상품의 대출금리를 고정금리 상품보다 낮게 설정한다. 게다가 금리가 계속 떨어질 경우 내야 하는 이자가 줄어들 수도 있다(이런 일은 잘 일어나지 않는다). 주택담보대출의 상환 기간은 보통 30~40년이고, 길게는 50년짜리 상품도 있다. 워낙 상환 기간이 길다 보니 고정금리 상품을 이용하려 해도 대부분 일정 기간 동안만 고정금리가 유지되고 그 후에는 변동금리로 바뀌도록 설계되어 있다.

변동 → 고정금리 '특례보금자리론' 내년 한시 운영(《동아일보》, 2022.12.07.)

은행의 입장에서는 변동금리로 돈을 빌려준 다음 금리가 올라도 별 상관이 없다. 돈을 못 갚는 사람이 있으면 담보물(주택)을 팔아 대출금을 회수하면 된다. 그러나 정부의 입장은 다르다. 아니, 달라야 한다. 인상된 금리 때문에 집을 팔아 돈을 갚아야 하는 위험에 가계(나와 우리 가족=국민)가 노출되어 불안해지면 나라의 경제 전체가 흔들린다. 뭔가 안전장치가 필요하다. 그래서 은행과 함께 고민해서(은행이 흔쾌히 협상에 응하지 않더라도) 금리의 변화에 영향을 덜 받을 수 있는 상품을 만들어 국민에게 제공한다.

하지만 나에게 유리한 대출 상품이 나왔다고 세금 고지서 보내주듯 꼬박꼬박 알려주는 은행은 없다. 좋은 대출 상품을 놓치지

변동금리와 고정금리

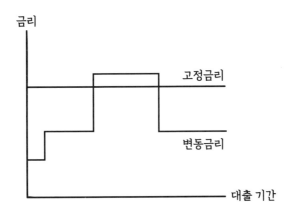

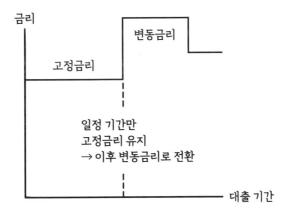

않기 위해서라도 뉴스를 꾸준히 체크해야 한다.

그런데, 도대체 현재 우리의 상황이 얼마나 심각하길래 정부에서 대출 상품을 만드는 일까지 고민해야 하는 것일까?

영끌 빚투 '유동성 파티' 끝?…가계대출 축소 시작됐다(《매일경제》, 2022.12.02.)
"갭 투자 나선 20대 영끌족 빚 41% 폭증" 올해 가구당 빚 1억 육박(《머니S》, 2022.12.01.)

2022년 11월 한국은행의 발표에 따르면 국내 가계대출 잔액은 약 1,800조 원에 달한다. 금리가 오르면서 '영끌(영혼까지 끌어모으다) 대출'과 '빚투(빚내서 투자하기)'에 제동이 걸려 가계대출이 줄긴 했지만 여전히 막대하다. 국가 전체의 가계 빚이 아무리 많아도 나나 우리 가족에게 빚이 없다면 무관한 것 아닐까? 당장에야 직접적인 영향을 받지 않겠지만 같은 나라에 사는 이상 불어나는 가계 빚 문제에서 영원히 자유로울 수 없다.

20대의 상황이 특히 심각하다. 대출을 활용해 일부 차액gap만을 자기 돈으로 지불하는 갭 투자에 공격적으로 나섰던 20대의 빚은 2021년 대비 41%나 증가했다. 가구당 부채 역시 10년 전엔 약 5천만 원이었던 것이 9천만 원에 육박하고 있다. 따라서 가계대출이 감소세에 있다고 해도 경제위기를 불러오는 원인이 될 가능성은 충분하다.

이렇게 부담이 늘어나면 결국 '도저히 빚을 갚을 수 없으니 마음대로 해라'라며 항복을 선언하는 사람들이 생긴다. 제일 먼저 상환을 포기하는 것은 소득이 없거나 매우 적은 이들이다. 그다음으로는 아파트를 가지고 있지만 대출이 많은 사람들이 유력하다. 이들이 빚을 갚으려면 아파트를 팔아야 한다. 시장에 팔고자 하는 아파트가 많이 나오면(공급이 늘면) 아파트 가격이 하락한다. '아파트 가격=재산'인 우리나라에서 아파트 가격이 떨어지면 가계의 자산이 전반적으로 줄어든다. 또한 은행의 부실(빌려주고 돌려받지 못한 돈)도 증가한다. 국민도 은행도 가난해진다. 가난한 국민은 소비를 줄이므로 기업도 가난해진다. 결국 내 나라가 가난해진다.

가계부채↑ ⇨ 가처분소득 증가 속도 〈 원리금 상환액 증가 속도
⇨ 지출↑ / 부담↑ ⇨ 파산하는 가계↑ ⇨ 은행 부실↑ ⇨ 경기 불황

단순하게 설명했지만 가계부채의 지속적인 증가는 시한폭탄이라 봐도 이상하지 않다. 그나마 다행인 것은 '시한'폭탄이라는 점이다. 시간 내에 해체에 성공하면 폭탄이 터지지 않는다. 이때 폭탄을 해체하는 것이 정부의 역할이다. 영화에서는 멋진 배우가 순

식간에 폭탄을 해체하고 영웅이 되곤 한다. 현실에서는 그런 배우가 아닌 온갖 고난과 위험을 감수하고 묵묵히 시간 안에 폭탄을 처리할 수 있는 정부가 필요하다.

금리를 정하는 것은 시장,
금리의 기준을 정하는 것은 정부

자본주의 사회에서 가격은 수요와 공급에 따라 변한다. 금리도 수요와 공급에 따라 달라질 수 있다. 돈이라는 상품을 사람들이 많이 찾으면 사용료인 금리가 오른다. 반대로 돈을 쓰려는 사람이 적어지면 수요가 줄어드니 금리가 낮아진다. 이처럼 돈의 수요와 공급에 따라 시장에서 결정되는 금리를 '시중금리'라고 부른다.

시중금리는 마음대로 오르내리게 놔두면 경제 전반에 엄청난 영향을 미친다. 힘이 넘치는 네 살배기 아이를 보호자 없이 집 안에 둔다고 해보자. 아이가 집 안을 온통 뒤죽박죽으로 뒤집어놓았다고 해서 아이를 집에서 내쫓을 수는 없다. 어린아이를 혼자 둔 부모의 책임이 더 크다. 마찬가지로 각 나라의 정부는 네 살 아이 같은 금리를 적절하게 통제하고 관리하는 임무를 수행해야 한다. 대표적인 통제 방법이 '기준이 되는 금리'를 정하는 것이다.

경기 흐름의 속도를 조절하는 기준금리

기준금리는 각 나라의 중앙은행이 정하는데, 우리나라의 경우 '한국은행'이 정한다. 시중금리는 기준금리에 은행의 수익을 비롯한 여러 추가적 이율들을 더해 정해진다. 경기의 흐름을 자동차에 빗대어보면 시중금리는 자동차가 달리는 속도이고, 기준금리는 자동차의 속도를 조절하는 액셀과 브레이크다. 이 자동차의 운전대는 한국은행이 잡고 있다. 국민은 뒷좌석에 탄 승객이다. 승객은 운전자에게 목적지에 시간 맞춰 안전하게 도착하기를 요구한다. 그러니 운전자는 목적지에 빨리 도착(고속 경제성장)해야 한다는 마음에 무리하게 과속해서도 안 되고, 안전제일을 외치며 거북이 운전(성장이 결여된 포퓰리즘)을 고집해서도 안 된다.

　경제상식의 기본을 갖추려면 미국의 중앙은행 정도는 알아두는 것이 좋다. 왜 하필 미국의 중앙은행일까? 미국이 세계경제의 중심이기 때문이다. 미국이 전 세계 '돈의 흐름'을 좌지우지하는 핵심 국가라는 말이다. 이는 미국의 화폐인 달러가 '기축통화'로 사용되는 것만 봐도 알 수 있다. 기축통화는 환율을 소개할 때 다시 다뤄보기로 한다.

미국에서 중앙은행 역할을 하는 것은 '연방준비제도Federal Reserve System'로, 줄여서 '연준'이라고도 부른다. 그래서 한국에서는 한국은행의 총재인 금융통화위원회 위원장이 기준금리를 발표하지만 미국에서는 연방준비제도이사회 의장이 발표한다.

'속도 조절' 한은 기준금리 3.25%로 인상…내년 1.7% 성장 전망《뉴스1》, 2022.11.24.)

앞서 자동차에 비유해 이야기했듯 경기의 안전과 속도는 균형을 이뤄야 한다. 너무 빨리 가도, 늦게 가도 문제가 생긴다. 기준금리의 인하는 운전자가 액셀을 밟은 것과 같다. 기준금리가 내려가면 시중금리도 함께 내려간다. 돈 사용료가 싸졌으니 돈을 쓰기가 쉽다. 그러므로 소비와 투자가 늘어난다. 수요가 늘어나니 공급도 늘려야 한다. 기업은 더 많이 생산하고 공장도 확장한다. 사람도 더 뽑아야 하니 가계의 소득도 늘어난다. 결국 경기가 전반적으로 좋아진다.

기준금리↓ ⇨ **시중금리↓** ⇨ **소비↑ / 투자↑** ⇨ **생산↑ / 고용↑** ⇨ **경기 상승**

반대로 기준금리의 인상은 브레이크를 밟은 것과 같다. 기준금리가 오르면 시중금리도 오른다. 사람들은 돈을 쓰기가 어려워지고, 소비와 투자가 위축되니 기업의 이윤도 줄어든다. 기업은 생산을 줄이고 직원도 줄인다. 실업률이 오르고 경기는 나빠진다.

기준금리↑ ⇨ **시중금리↑** ⇨ **소비↓ / 투자↓** ⇨ **생산↓ / 고용↓** ⇨ **경기 침체**

뉴스에 기준금리를 내린다거나 올린다는 이야기가 나오면 전반적인 경기 흐름을 추측할 수 있다. 기준금리 인상에 대한 뉴스를 보면 소비를 줄여야 하고, 무엇보다 대출을 줄여야 한다. 대신 예금을 늘려야 하니 총알(현금)을 준비한다.

韓 내달 또 '빅 스텝' 밟아도, 美 '자이언트 스텝' 땐 금리차 더 확대(《동아일보》, 2022.10.13.)

2021년 말부터 미국의 급격한 금리 인상이 계속되면서 '빅 스텝Big step'과 '자이언트 스텝Giant step'이란 말이 널리 쓰이고 있다. 보통 기준금리는 0.25%p씩 움직이는데, 이를 '스텝step'이라고 한다. 금리가 일반 스텝의 두 배인 0.5%p 오르면 빅 스텝, 세 배인 0.75%p 오르면 자이언트 스텝, 나아가 1.0%p 오르면 '울트라 스텝Ultra step'이라고 부른다(아직까지 울트라 스텝이 일어난 적은 없다). 이러한 표현들 알아두면 예시와 같은 헤드라인을 봤을 때 그것이 무엇을 의미하는지, 금리가 얼마나 오른다는 것인지 바로 파악할 수 있다.

오늘날에는 전 세계가 엮여 있다. 이런 상황에서 미국의 기준금리 변동은 한국 경제에 영향을 주기 마련이다. 국제경제는 더 복잡하지만 단순화해서 생각해보자. 미국의 기준금리가 오르면 미국에 투자했을 때 이자를 많이 받을 수 있다. 미국 은행에 저금한다고 생각하면 쉽다. 이자를 많이 받는다니 미국에 투자하는 사람이 늘어난다. 한국에 투자하던 사람들이 그 돈을 빼서 미국에 넣는다. 한국에 투자하는 사람들이 줄어들면 한국 기업들의 주가가 하락한다. 이는 한국 경기의 침체로 이어진다.

이와 같은 경우를 막으려면 미국이 기준금리를 올릴 때 우리나라도 같이 올리면 된다. 보통 우리나라의 기준금리가 미국보다 높다. 하지만 예외도 있다. 아주 가끔이지만 미국의 기준금리가 우리나라의 것보다 높은 상황을 '금리 역전'이라고 표현한다. 금리를 볼 때는 우리나라만 볼 것이 아니라 미국의 금리도 주시해야 한다.

한국은행에게 내려진 특명, 돈의 흐름을 조절하라!

한국은행이 기준금리를 정해서 전체적인 경기를 조절하는 것을 '통화정책'이라고 한다. 통화란 돈의 흐름이고, 통화량은 시장에 흐르는 돈의 양이다. 즉, 통화정책이란 시장(나의 주머니+기업의 주머니+정부의 주머니) 내에 돌아다니는 돈의 양을 늘리거나 줄이는 것이다. 국가 경제에서 중요한 역할을 하는 중앙은행을 정권이 제 입맛대로 쥐락펴락해서는 안 되므로 한국은행은 독립적으로 움직인다. 현재 한국은행은 서울 숭례문 근처에 있는데, 일반인들의 예금은 받지 않는다. 그럼에도 '은행'이라는 간판을 달고 있는 이유는 우리나라 경제의 핏줄과 같은 돈줄을 관리하는 기관이기 때문이다.

경기를 어느 수준에 맞춰 조절하는 것이 적절할까? 통화정책의 목표는 바로 '물가 안정'이다. 일반적으로 소비자물가 상승률이 2%대로 유지되면 물가가 안정되었다고 본다(그때그때 경제 상황에 맞게 목표 수치는 계속 수정된다). 적정물가는 정부와 협의해서 결정한다. 한국은행이 독립적으로 운영되기는 해도 정부와 완벽하게 분리될 수는 없다는 것을 알 수 있는 대목이다.

이 책에서는 한국은행이 기준금리를 조절하는 데 사용하는 수단들은 따로 언급하지 않겠다. 굳이 머리 아픈 내용을 더 알고 싶다면 검색창에 '지급준비율', '공개시장운영', '재할인금리' 등을 입력해보자. 알면 도움이 되지만 몰라도 생활에 큰 지장은 없을 것이다.

양적완화·양적긴축과 통화정책의 차이는?

경제 뉴스를 보면 '양적완화' 혹은 '양적긴축'이라는 말이 자주 등장한다. 양적완화란 시중에 있는 돈의 양을 늘리겠다는 뜻이고, 양적긴축은 그 반대를 가리킨다. 앞서 통화량은 중앙은행이 기준금리로 조절하는 것이라고 이야기했는데, 양적완화나 양적긴축이 왜 필요한 것일까? 이는 세계경제의 침체에서 비롯된 개념이다. 경기 침체의 상황에서 한국은행 총재는 아래와 같은 통화정책을 펼치면 된다.

경기 침체 ⇨ 기준금리↓ ⇨ 소비↑ / 투자↑ ⇨ 생산↑ / 고용 ↑ ⇨ 경기 상승

그런데 기준금리를 내리려고 할 때 문제가 발생한다. 기준금리의 인하는 '뭔가 내릴 것이 있다'는 것을 전제로 한다. 기준금리가 0%면 더 내릴 것이 없다. 일부 국가들은 마이너스금리를 적용하기도 하지만, 대부분은 그렇지 않다.

더 이상 기준금리를 내릴 수 없는 상황에서 돈 사용료를 낮추려면 어떻게 해야 할까? 수요와 공급의 측면을 떠올리면 쉽다. 가격을 낮추려면 공급을 늘리면 된다. 돈이 많아지면 돈 사용료가 싸지는 것은 당연한 이치다.

통화정책은 기준금리의 목푯값을 설정하고 여러 단계를 거쳐 간접적으로 통화량을 늘리거나 줄이는 방법이다. 쉽게 말하자면 사람들이 주머니 속에 간직하고 있던 돈을 꺼내놓거나 꺼내려던 돈을 다시 집어넣게 만든다. 반면 양적완화는 정부가 나서서 시장에 직접 새로운 돈을 더 넣는 것이다. 명칭 그대로 '양量'적으로 완화한다(늘린다).

양적완화는 정부가 국채를 발행하거나 금융자산을 매입함으로써 이루어진다. 이를 흔히 '돈을 찍어낸다'고 말한다. 물론, 이런 방식에는 후유증이 따른다. 국채의 발행은 정부가 빚을 진다는 것이고, 금융자산의 매입 역시 정부가 돈을 쓴다는 것이다. 그래서 양적완화가 지속될수록 정부의 부채가 증가한다. 나라가 망하지 않게 하려면 양적완화를 줄여야 한다. 양적완화를 멈추고 돈을 거둬들이는 것을 양적긴축이라고 한다. 방법은 금융자산 매입의 중단 등 양적완화의 반대 방향으로 진행된다.

금리로 뭘 알 수 있을까?

장단기 금리 역전: 불황이 올 신호

'파월發 불황' 닥치나…美 장단기 국채금리, 40년 만에 최대폭 역전(《한국경제》, 2022.12.09.)
장·단기 금리 역전, 엔화 급등, 유가 급락…침체 경고 3가지 신호(《조선일보》, 2022.12.08.)

　어려운 단어들이 나왔다고 지레 겁먹을 필요는 없다. 지금은 주요 내용을 파악하는 것만으로도 충분하다. 위 두 기사 헤드라인에서는 '미국 장기(=10년물) 국채의 금리가 단기(=2년물)의 금리보다 낮아졌다'는 것이 핵심이다. 여기서 알 만한 단어는 '미국'이나 '금리', '경기 침체' 정도일 듯하다. 이 기사에서 다루는 국채는 1장에서 다룬 국가부채와는 다른 개념으로, 국가가 발행한 채권을 의미한다.
　채권은 약속한 기간 안에 원금과 이자를 갚는다는 내용의 증서다. 국가가 발행한 채권을 국채, 회사가 발행한 채권을 사채(또는 회사채)라고 부른다. 또한 2년물은 2년짜리 물건, 즉 2년짜리 채권을 일컫는다. 마찬가지로 10년물은 10년짜리 채권을 말한다.
　1년 만기인 적금과 3년 만기인 적금 중 어느 상품의 이자율이 더 높을까? 당연히 납입 기간이 긴 상품이다. 돈을 오래 맡길수록 은행으로부터 더 많은 사용료를 받는다. 채권도 이와 같다. 10년짜리 채권의 금리가 2년짜리 채권의 금리보다 높아야 한다. 그런데 미국에서 10년물의 금리보다 2년물의 금리가 더 높아졌다. 이처럼 단기 금리가 장기 금리를 앞지르는 현상을 '장단기 금리 역전'이라고 부른다. 여러분이 알아야 하는 것은 딱 한 가지다. 이런 현상은 일반적인 일이 아니라는 것! 첫 번째 헤드라인에서도 '40년 만의 최대폭'을 강조한 것을 볼 수 있다. 경제에서 '일반적이지 않은 상황'은 '위험한 상황'과 크게 다르지 않다.

장단기 금리 역전은 장기 금리의 하락으로 인해 발생하는 경우가 많다. 오늘날 장기 금리의 하락은 경기 침체로 이어진다고 보는 해석이 우세한데, 경기가 나빠지면 금리를 낮추게 되기 때문이다. 물론, 금리 역전이 무조건 경기 불황으로 이어진다는 것은 아니다. 그래도 경제 상황에 좀 더 주의를 기울여야 한다는 신호로 볼 수는 있다.

전세가 좋을까? 월세가 좋을까?

후배들이 이런 질문을 하면 나는 보통 전세가 좋다고 답한다. 우선, 전세금을 집주인에게 준 다음 전세 계약 기간이 끝나면(대부분 2년 단위로 계약한다) 그 목돈을 고스란히 돌려받을 수 있기 때문이다. 월세의 경우 한번 집주인에게 내고 나면 끝이다. 그러므로 조금 무리하더라도 전세로 집을 구하라고 권한다. 최근에는 전세자금대출의 금리가 높아져 월세를 내는 것이 전세대출 이자를 내는 것보다 적게 드는 경우도 있으니 잘 따져봐야 한다. 또한, 대출을 무리하게 끌어 쓴 집주인들 때문에 이사를 나갈 때 전세금을 돌려주지 못하겠다는 집주인들도 생기고 있으니 전세 계약을 한다면 전세보증금 반환보증 제도의 활용을 적극적으로 알아봐야 한다.

집주인의 입장에서는 어떨까? 이때 금리를 알면 대략적인 계산이 가능하다. 세입자로부터 받은 전세금을 고스란히 은행에 예금하면 집주인은 이자수 익을 기대할 수 있다. 이때 수익율은 이자율과 같다(편리한 계산을 위해 세금은 무시하자). 그러므로 전세 대신 월세를 받는다면 예금금리보다 더 많이 받아 야 집주인에게 이득이다. 월세를 정하는 기준이 금리인 이유이며, 월세나 반 전세 시세 흐름이 은행의 금리 변동과 밀접한 것도 같은 맥락이다. 이런 내용 을 집주인이 잘 몰라도 부동산 중개업체가 상세히 알려준다. 따라서 목돈이 필요하거나 세입자를 구하기 어려운 특수한 상황이 아니라면 집주인에게는 전세보다 월세나 반전세로 집을 내놓는 것이 유리하다.

3

먹고살기의 난이도,
물가

핵심 개념

물가
'물건의 값'을 가리키는 말로, 사람들이 지불하는 모든 비용을 종합적이고 평균적으로 보는 개념이다. 수요와 공급에 의해 결정되는 물가의 변화는 시장의 수요와 공급에 다시 영향을 미친다.

소비자물가지수
정부에서 관리하는 주요 물가지수 중 하나다. 해마다 조사 대상 품목과 지역을 선정한 다음 각 품목의 가격 동향을 측정해 계산하는데, 워낙 다양한 상품을 대상으로 하기 때문에 소비자물가지수와 체감 물가에 차이가 나기도 한다.

인플레이션
화폐가치가 떨어지면서 물가가 지속적으로 인상되는 현상을 말한다. 실물자산을 가진 사람보다 현금을 가진 사람들에게 더욱 치명적이다. 이와 반대로 물가가 계속 하락하는 현상은 디플레이션이라고 부른다.

100원으로
버스를 타던 시절이 있었다

시장에서 사는 감자 한 알, 문구점에서 사는 공책 한 권, 카페에서 마시는 커피 한 잔 등 돈을 내고 이용하는 모든 것에는 가격이 매겨져 있다. 머리를 자르거나 의사의 진료를 받을 때도 돈을 낸다. 이처럼 사람들이 지불하는 모든 비용들을 아울러 '물가'라고 부른다.

1970년대의 서울 시내버스 요금은 100원이 채 되지 않았다. 그런데 지금은 1,000원을 훌쩍 넘는다. 요즘 버스가 더 좋은 버스이기 때문일까? 다른 이유는 없을까? 보통 가격은 계속 오른다. 내려가는 경우는 별로 없다. 어른 손바닥만 했던 초코파이가 아이 손바닥만 하게 작아졌음에도 초코파이 가격은 오히려 올랐다. 소득(월급)은 오르지 않는데 물가만 오르는 것은 민감하고 중요한 문제이자 경제를 움직이는 요소다.

물가를 구성하는 각 상품의 가격은 시장경제를 다룰 때 빼놓을 수 없는 개념인 수요와 공급에 의해 결정된다. 물건의 수량은 한정되어 있는데 그것을 사려는 사람이 많으면 가격이 오른다. '한정판' 상품을 출시해서 판매하는 이유다. 일부러 물건을 적게 생산한 뒤 비싼 가격을 붙여도 한정판을 가지고 싶어하는 사람이 많으니 팔린다. 반대로 시장에 물건이 남아도는데 그것을 사려는 사람이 적으면 가격이 하락한다.

그런데 수요와 공급만 가격에 영향을 미치는 것은 아니다. 거꾸로 가격에 따라 수요와 공급이 변하는 경우도 있다. 특정 지역에 카페 수가 늘어나면 가격경쟁이 일어나 커피값이 싸진다. 5,000원이던 커피값이 2,000원이 되면 커피를 사는 사람들이 늘어난다. 부담이 줄어드니 지갑을 쉽게 연다. 가격이 떨어져서 수요가 증가한 것이다. 마찬가지로 담뱃값이 3,000원에서 5,000원으로 오르면 담배 한 개비가 소중해지고 금연 다짐을 하는 사람들이 늘어난다. 결국 가격이 올라 수요가 줄어든다. 다만, 담배는 중독성이 강하다 보니 가격이 오른 직후에는 수요가 감소하지만 곧 다시 증가하는 독특한 양상을 보인다.

통장 잔고가 늘었는데 좋아할 수 없는 이유, 물가 상승률

물가가 오른다는 말은 곧 화폐가치가 떨어진다는 뜻이다. 설날에 세뱃돈 1만 원을 받은 어린아이는 부자가 된 듯 기뻐한다. 아이는 그 돈으로 문구점이나 슈퍼마켓에서 꽤 많은 것들을 살 수 있기 때문이다. 그런데 과연 그 아이가 어른이 된 뒤에도 1만 원으로 부자가 된 기분을 느낄 수 있을까? 어른에게 1만 원은 밥 한 끼 정도의 가치다. 1만 원의 화폐가치, 즉 돈의 힘이 현저하게 줄었음을 알 수 있다. '화폐가치가 떨어지는 것'은 1만 원으로 살 수 있는 물건이 줄어든다거나 초코파이의 크기가 작아지는 것 이상의 의미가 있다. 이자율이 10%인 예금 상품에 가입해 은행 계좌에 1천만 원을 예금했다고 가정해보자. 1년 후에는 100만 원의 이자가 붙어 1,100만 원이 된다. 숫자만 보면 100만 원이 늘었지만 이 돈의 정확한 가치는 물가 상승률을 봐야 알 수 있다. 물가가 상승하지 않았을 경우에는 숫자대로 100만 원의 이득을 얻은 것이다. 그러나 물가가 올랐을 때는 이야기가 달라진다.

'물가 상승률이 10%'라는 말은 현재의 1천만 원으로 살 수 있는 것을 1년 후에는 1,100만 원이 있어야 살 수 있다는 것을 의미한다. 즉, 1천만 원을 예금한 계좌에 1년 동안 100만 원의 이자가 더해져 1,100만 원이 되었을지라도 그 돈의 실제 가치는 1년 전의 1천만 원과 동일하다. 물가 상승률이 이자율을 잡아먹은 셈이다.

물가↑ = 화폐 구매력(동일한 금액으로 물건을 살 수 있는 힘)↓

= 화폐가치↓

    비슷한 예로 연봉 인상률이 있다. 연봉이 5% 올랐어도 그동안 물가가 10% 올랐다면 이 사람의 실질 연봉(물건을 구매할 수 있는 능력)은 오히려 5% 줄어든다. 성과가 좋지 않아 연봉이 삭감된 사람은 '맞은 데 또 맞는' 가혹한 상황에 처할 것이다.

    경제 기사에 '실질'이란 단어가 나오면 '물가 상승률을 고려한'이라고 이해하면 된다. 물가 상승률을 반영해야 실제 가치를 알 수 있기 때문이다. 실질과 반대되는 개념은 '명목'이다. 이는 실제 가

물가 상승과 연봉 동결

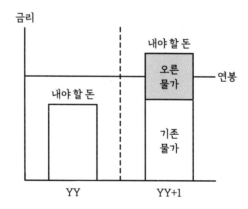

치와는 상관없이 오직 '숫자'만 보고 판단하는 것을 의미한다. 실질 이자율과 명목 이자율, 실질 경제성장률과 명목 경제성장률 등으로 사용된다. 물가는 개인뿐만 아니라 가계나 기업에도 실질적이고 직접적인 영향을 준다. 그래서 정부는 물가를 관리하는 한국은행을 물가 전담 마크맨으로 정해두었다. 한국은행이 열심히 일하는 궁극적인 목표는 물가 상승률 관리다. 여러분도 현재의 물가보다 물가 상승률에 더 관심을 가지는 것이 좋다. 일반적으로 경제가 성장하면 물가도 따라서 오른다. 그러므로 잘 먹고 잘사는 미래를 꿈꾼다면 물가가 어느 정도 오르는 것은 감수해야 한다. 중요한 것은 물가가 오르는 폭이다.

가계를 위한 물가지수와 기업을 위한 물가지수

정부는 '저물가'라는데…밥상물가 상승률 OECD 2위(《채널A》, 2019.02.23.)

현실적인 질문을 하나 꺼내보자. 2018년 하반기부터 2019년 상반기까지의 물가 상황을 '저물가'라고 말하는데, 이상하게도 생활비가 더 들어가고 삶의 질은 떨어지는 듯했다. 왜 그랬을까? 바로 물가 측정 방법 때문이다. 정부에서 관리하는 주요 물가지수인 '소비자물가지수'는 약 500개의 대상 품목을 선정한 후 전국 40여 개 도시의 가계에서 해당 품목의 가격 동향을 측정해 그 평균을 낸 것이다. 이때 대상 품목이 아닌 상품의 가격이 변동되면 지수가 그대로여도 체감하는 물가는 달라진다. 대표적인 것이 집값이다. 월세나 전세는 조사 대상 품목이지만 집값 자체는 소비자물가지수에 반영되지 않는다. 그래서 아파트 가격이 몇 억씩 뛰었다는 이야기가 들려도 지수는 변화가 없다. 게다가 당시는 유가가 내려갔지만 농산물 가격은 오른 상황이었다. 따라서 자동차를 굴리지 않는 경우라면 장을 보면서 농산물 가격이 오른 것은 체감할 테지만 기름값이 싸진 것은 잘 모를 수 있다. 그러니 '물가가 낮다'는 정부의 말이 와닿지 않는 것이다.

근원물가도 4.8% 상승 '고공행진'⋯물가 내년 초까지 5%대(《아시아경제》, 2022.12.02.)

실생활에 아주 밀접하지만 워낙 돌발 상황이 많아 가격이 들쑥날쑥하는 대표적인 상품이 원유와 농산물이다. 유가(원유의 가격)는 경기나 정치 상황에 따라 크게 변하고, 농산물 가격 역시 태풍이나 가뭄 등 자연환경이나 작황에 따라 급변하는 경향이 있다.

외부적 요인에 의해 결정되는 것이니 통제할 방법이 없지만 일반 물가에 포함되므로 왜곡이 생길 수밖에 없다. 그래서 변동성이 큰 유가와 농산물 가격을 제외하고 산출하는 '근원물가'도 경제 기사에 자주 등장한다. 근원물가가 오르면 전체적인 물가도 오른다고 볼 수 있는 한편, 전체 물가가 올랐어도 근원물가가 오르지 않았다면 일시적인 물가 상승이라 해석할 수도 있다.

소비자물가지수와 체감 물가의 차이를 줄이기 위해 정부는 '생활물가지수'와 '신선식품지수'라는 보조 지수를 만들어 관리하고 있다. 생활물가지수는 쌀, 배추, 소고기 등 사람들이 자주 구매하는 150여 가지의 생활필수품을 대상으로 측정한 것이고, 신선식품지수는 채소나 과일과 같이 계절 및 기상에 따라 가격 변동이 큰 50여 가지의 품목을 대상으로 측정한 것이다. 따라서 물가가 올랐다는 기사를 읽을 때는 무작정 정부를 질책할 것이 아니라 어떤 기준에서 물가가 올랐다고 하는 것인지를 먼저 확인해야 한다.

中 'D 공포' 가중, 생산자물가 2개월째 마이너스(《파이낸셜뉴스》, 2022.12.09.)

경제활동은 가계만 하는 것이 아니다. 기업도 경제주체 중의 하나다. 가계와 달리 기업은 슈퍼마켓에서 과자나 채소, 삼겹살을 직접 살 일이 거의 없다. 그래서 기업이 '장바구니 물가'를 물가 판단의 기준으로 삼기는 어렵다. 그래서 기업을 위한 별도의 물가지수가 마련되었다. 기업들끼리 사고파는 물건들의 가격 변동을 측정한 '생산자물가지수', 주로 수출과 수입으로 거래되는 물건들의 가격 변동을 측정한 '수출입물가지수' 등이 있다. 생산자 입장에서 보는 물가도 무척 중요하다. 생산자 물가는 상품의 가격에 반영되어 경제 전반에 영향을 미치기 때문이다. 예시의 기사 제목에서는 생산자물가의 2개월 연속 하락으로 인한 우려를 알 수 있다. 직접적으로는 물가가 하락하면서 경기도 침체하는 중국의 디플레이션(D)에 대한 이야기지만, 중국은 우리나라의 최대 수출 대상국이므로 중국 경기가 침체될 경우 우리 경제에 미칠 영향에 대한 걱정도 내포되어 있다.

물가의 변화를 주의 깊게 살펴보면 경제 현황을 파악할 수 있을 뿐만 아니라 향후 경제 전망을 예측해볼 수도 있다. 정부가 한국은행이라는 전담 마크맨까지 붙여 물가를 관리해야 하는 이유가 다 있는 것이다.

물가 폭탄을
피하려면?

어린이용 만화영화에서는 누가 영웅이고 누가 악당인지 분명하지만 실제 인생에서는 그렇지 않다. 특히 경제에서는 절대적인 선이나 악이란 없다. 경제가 성장하면 자연스럽게 물가가 상승하는 것처럼 말이다.

왜 경제가 성장하면 물가가 오를까? 경기가 좋아지면 씀씀이가 늘어난다. 경제적으로 표현하면 수요가 증가한다. 일반적으로 공급은 수요보다 한 박자 늦다. 물건을 만드는 데 시간이 걸리니 어쩔 수 없다. 결국 수요가 공급을 초과하는 시점이 오기 때문에 상품의 가격이 오른다. 다시 말해 물가가 상승한다. 사람들은 경제성장이 좋은 것이라고 말하지만, 경기도 '너무' 좋으면 문제가 된다. 경제에서 가장 두려운 상황은 예측 불가능한 상황이다. 물가 상승률도 경제성장률도 적당한 것이 좋다. 경제성장률이 다소 낮아도 예측할 수 있으면 괜찮다. 그러나 예상을 벗어나는 순간이 오면 위험하다. 이런 예측 불가능성의 위험을 가리켜 '블랙스완'이라고 부른다.

물가를 움직이는 네 가지 요소

물가를 움직이는 요소는 크게 네 가지가 있는데, 첫 번째는 앞서 언급한 가계 수요다. 사람들의 씀씀이가 늘어나면서 발생하는 수요의 증가를 가리킨다.

두 번째는 환율로, 수입이나 수출을 할 때 고려해야 한다. 그중에서도 환율이 물가에 직접적인 영향을 주는 것은 외국 상품을 수입하는 경우다. 1,000원짜리 수입품이 있다고 해보자. 그런데 1,000원이던 원·달러 환율이 1,500원으로 올랐다. 환율이 올랐다는 말은 우리나라 돈의 값어치가 떨어졌다는 것을 의미한다(그래서 '평가절하되었다'고 표현하기도 한다). 원래 1,000원을 1달러로 바꿀 수 있었는데 이제 1,500원이 있어야 바꿀 수 있다. 환율을 제

세상 친절한 경제상식

외한 다른 것에는 변동이 없다. 이때 1,000원짜리 수입품의 가격은 얼마가 될까? 당연히 1,500원이 된다. 요즘은 '해외직구'를 많이 하기 때문에 환율에 따라 가격이 오르락내리락하는 상황을 쉽게 경험할 수 있다.

"여보 밀가루 사둬요, 난 차에 기름 채울게"…물가 더 뛴다

《머니투데이》, 2022.05.18.)

세 번째는 수입 원자재의 가격이다. 우리나라에 꼭 필요하지만 국내에서 생산되지 않아 수입해야만 하는 것들이 있다. 이런 원자재들의 가격은 환율이나 국내 가계 수요가 변하지 않아도 달라지곤 한다. 가장 대표적인 것이 원유, 즉 석유다. 유가는 우리나라의 물가를 움직이는 가장 결정적인 요인이다. 제조업에서 원유는 없어서는 안 되는 재료이기 때문이다. 온갖 화공 제품을 비롯해 플라스틱, 비닐, 아스팔트 등 대부분의 제품을 만드는 데 원유가 들어간다. 자동차나 배와 같은 운송 수단과 각종 기계의 연료로도 사용된다. 겨울에는 원유로 난방도 해야 한다. 현대 산업 중 원유가 필요하지 않은 곳은 거의 없다고 봐도 무방할 정도다. 사정이 이러하니 가격이 올라도 원유를 살 수밖에 없다. 그러므로 유가가 오르면 전반적인 물가도 상승한다. 밀가루나 사료용 곡물, 천연가

스, 철광석 등도 원유만큼은 아니지만 우리나라 물가에 큰 영향을 끼치는 원자재다.

유가(원자재)↑ ⇨ 원유(원자재)를 원료로 사용하는 생산물 단가↑

⇨ 판매가↑ ⇨ 물가↑

마지막 네 번째 요소는 국내 생산 제품의 원가 상승이다. 원가가 오르면 판매가도 오르기 마련이다. 기업과 가계가 임금을 두고 첨예하게 대립하는 이유가 바로 여기에 있다. 기업은 상품을 생산하기 위해 노동자를 고용하고 임금을 지급한다. 임금도 생산 비용에 포함되기 때문에 상품의 가격을 정할 때 반영된다. 그래서 기업은 "임금을 너무 많이 올리면 원가가 올라 가격이 오른다"고 이야기한다. 이에 임금노동자들은 "생산 비용에서 임금이 차지하는 비중은 매우 적고, 원가 상승을 이유로 임금을 올리지 않는 것은 기업의 이익을 극대화하기 위해 노동자를 착취하는 것이다"라고 맞선다.

물가가 일으키는 경제의 쓰나미: 인플레이션

인플레이션의 사전적 정의는 '통화량의 증가로 화폐가치가 하락하여 전반적인 물가가 계속해서 오르는 현상'이다. 물가 상승률이 이렇게 높으면 화폐가치가 떨어지다 못해 돈이 휴지 조각과 다름없어진다. 그래서 인플레이션에 돌입하면 돈보다 물건의 가치가 더 높다. 예를 들어 100원짜리 빵을 하나 가지고 있다고 가정해보자. 물가가 두 배로 오르면 빵 가격은 200원이 된다. 물가가 2억% 오르면? 2억 원이 된다. 빵의 크기는 그대로인데 그 가치는 천정부지로 오른다. 화폐가치가 하락할 때는 실물자산을 가진 쪽이 더 낫다.

물가 못 따라가는 임금…중산층 실질 소득 감소《SBS》, 2022.07.06.)

따라서 별다른 자산 없이 임금이 소득의 대부분인 월급쟁이들에게 인플레이션은 지옥과 같다. 물가가 오를 때 월급도 같이 오르면 상관없겠지만 월급은 그만큼 오르지 않는다. 수익원이 현금뿐인 임금노동자의 입장에서는 아무것도 하지 않았음에도 수입이 계속 줄어들고 모아놓은 돈이 먼지가 된 셈이다. 실물자산을 가진 사람은 상대적으로 인플레이션의 영향을 적게 받는다. 자산 가격이 물가와 함께 오르므로 보유한 자산 가치가 오히려 큰 폭으로 상승한다. 인플레이션이 발생하면 그 나라의 경제가 망가지기 때문에 결과적으로는 실물자산을 가진 사람들도 피해를 입는다. 그

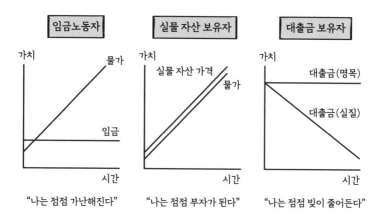

인플레이션이 사람들에게 미치는 영향

임금노동자	실물 자산 보유자	대출금 보유자
"나는 점점 가난해진다"	"나는 점점 부자가 된다"	"나는 점점 빚이 줄어든다"

래도 현금만 가진 사람보다는 실물자산을 가진 사람이 훨씬 낫다.

그 가운데 이득을 보는 사람들도 있다. 빚을 잔뜩 진 사람들이다. 빚은 마이너스 현금이라 볼 수 있으므로 현금의 가치가 줄어들면 빚의 크기도 줄어든다. 1억 원의 빚을 진 상태에서 인플레이션이 일어나 현금의 가치가 100분의 1로 줄어들었다고 해보자. 그러면 빚의 가치도 100분의 1로 줄어 100만 원이 된다. 물론 이론상으로 보면 그렇다는 것이지 실제로 인플레이션으로 이득을 얻는 사람은 극히 소수에 불과하다. 그러니 인플레이션의 기미가 보인다고 해서 대출을 받겠다고 나서면 안 될 일이다.

인플레이션으로 이득을 얻기에는 부자가 절대적으로 유리하다.

여러분이 엄청난 부자인데 갑자기 인플레이션이 발생하면 무엇을 해야 할까? 보유한 현금과 대출 능력을 최대한 활용해서 생필품을 사면 된다. 물건값은 계속 오를 테니 여러분이 사둔 생필품들의 가치도 계속 커진다. 그러나 평범한 서민은 시도하기 힘든 일이다. 쓸 수 있는 현금이 없는 데다가 대출받기도 힘들기 때문에 생필품을 대량으로 구매하기 어렵다. 무리해서 물건을 산다 해도 그 물건들로 이득을 얻을 때까지 버틸 여력이 없다. 이처럼 인플레이션이 터지면 서민이 더 큰 타격을 받는다.

인플레이션은 크게 두 가지로 분류한다. 하나는 가격이 결정되는 구조에 따라 수요가 증가해 가격(물가)이 오르는 수요 견인 인플레이션이고, 다른 하나는 생산원가가 상승해서 판매가도 함께 오르는 비용 인상 인플레이션이다. 두 경우를 더 상세히 살펴보겠다.

먼저 수요 견인 인플레이션부터 이야기해보자. 보통 수요는 경기가 과열되었을 때 늘어난다. 실제 상황이 어떻든 상관없이 돈이 넘쳐난다고 느낄 때가 경기가 과열된 것이다. 예를 들어, 미국이 기준금리 인하를 발표했다고 해보자. 그러면 우리나라에서도 기준금리를 내릴지 논의가 시작된다. 동시에 부동산 시장이 들썩거린다는 기사가 나오기 시작한다. 이쯤 되면 실제로 시장에 돈이 풀리지 않았는데도 '여윳돈'이 생긴다는 인식이 자리 잡는다.

돈이 넘쳐난다고 느끼면 수요가 증가하고, 동시에 가수요(가짜수요)도 생긴다. 가수요는 당장 필요하지 않은데도 가격이 오를 것을 예상해 미리 사두는 것을 말한다. 이와 유사한 경우로는 '매점매석'이 있다. 고전소설 《허생전》에서 주인공 허생이 했던 것처럼 전국의 과일을 전부 사들인 뒤 공급 부족으로 가격이 오르면 비싸게 팔아 수익을 남기는 전략이다. 수요 견인 인플레이션을 막으려면 '시장에 넘치는 돈'을 줄이는 정책을 펼쳐야 한다. 금리를 올리거나 세금을 더 걷거나 정부의 공공투자를 줄인다. 하지만 안타깝게도 그 효과가 썩 훌륭하지는 않다.

더 큰 문제는 비용 인상 인플레이션이다. 여기서도 유가가 오르는 경우를 사례로 들 수 있다. 유가가 오르는 데에는 대책이 거의 없다. 국내 생산으로 대체할 수 없는 것이기 때문에 가격이 오르면 오른 대로 받아들여야 한다. 원유를 100% 수입해야 하는 국가들이 할 수 있는 일이라고는 추워도 기름보일러를 덜 때거나 자가용 대신 대중교통을 이용하는 등 소비를 줄이는 것 정도다. 제조업체들이 에너지 효율을 높이기 위해 장기적으로 노력하겠지만 갑자기 원유 사용량을 줄일 수는 없는 노릇이다.

원유와 관련해 이야기를 하나 더 보태보자. 국제경제에서 막강한 영향력을 행사하는 원유의 가격은 누가 정할까? 여러 요인이 있으나 가장 주목해야 할 것은 역시 OPECOrganization of the

Petroleum Exporting Countries(석유수출국기구)이다. 중동 산유국을 중심으로 결성된 이 조직을 단순히 중동 부자들의 한가로운 모임이라 봐서는 안 된다. 중동 지역의 원유 가격을 담합함으로써 석유를 수입하는 전 세계 수많은 국가들의 경제적 목줄을 쥐고 있는 곳이기 때문이다. 러시아 및 기타 산유국까지 더해 OPEC+로 부르기도 한다. 미국이 자꾸 중동을 비롯한 석유 생산국에 힘자랑하는 것도 국제적 정의 실현만을 위해서는 아니다. 경제적 이권에 따라 정의로운 일을 모른 척하거나 정의롭지 못한 일에 끼어드는 것이 국제사회임을 기억해두길 바란다.

물가 하락이 가져오는 공포: 디플레이션

디플레이션은 물가가 지속적으로 떨어지는 현상으로, 인플레이션에 반대되는 상황을 가리킨다. 물가가 점점 내려간다니 언뜻 들으면 좋을 것 같다. 너무 비싸서 살 수 없던 물건을 사게 될 수 있지 않을까? 그러면 행복해지지 않을까? 이런 생각은 무척 위험하다. 디플레이션을 '블랙프라이데이'와 같은 할인 행사라고 생각하면 안 된다. 여러 물건들이 있는데 마침 여러분이 가지고 싶은 물건이 할인 중이라고 해보자. 소비자 입장에서는 당연히 좋고 판매자 입장에서도 나쁠 것이 없다. 낮은 가격으로 팔더라도 많이 팔기만

하면 박리다매 효과를 얻어 손해를 보지 않기 때문이다. 그러나 디플레이션은 수요가 공급보다 현저히 줄어 발생하는 경기 침체를 의미한다. 사람들의 지갑이 열리지 않는 것이다. 이런 상황에서는 소위 말하는 '눈물의 땡처리'를 한다 해도 아무도 물건을 사지 않는다.

디플레이션이 일어나면 '절약의 역설'도 함께 발생한다. 대부분의 사람들은 돈이 없으면 허리띠를 졸라맨다. 그런데 나뿐만 아니라 내 가족과 친구, 나아가 온 국민이 허리띠를 졸라맨다. 이럴 경우 상품을 파는 기업들의 수익이 줄어든다. 초기에는 생산량을 줄이겠지만, 그래도 수익이 나지 않고 재고가 쌓인다면 결국 인건비라도 아끼기 위해 직원들을 해고한다. 자신의 의지와 상관없이 일자리를 잃은 사람들이 할 수 있는 일은 더욱 열심히 허리띠를 졸라매고 살아남는 것뿐이다. 그 여파로 경기는 더 나빠질 것이고 기업은 직원을 더 자른다.

이런 악순환이 반복되면서 경기는 끝없는 나락으로 빠져든다. 이 상황을 타개하기 위한 해결책은 수요를 만들어내 시장에 돈이 돌게 하는 것이다. 말은 쉽지만 실제로 수요를 만드는 것은 무척 까다로운 일이다. 그래서 디플레이션이 터지면 딱히 수습할 방도가 없다. 디플레이션이 인플레이션보다 더 무섭다고 말하는 이유다. 대표적인 디플레이션 사례가 바로 1929년 미국에서 벌어진 대공황이다. 이를 극복하기 위해 루스벨트 대통령은 케인스의 이론을 바탕으로 뉴딜 정책을 실행하여 경제를 수습한다. 그러나 미국 전체를 공포와 불안에 떨게 한 대공황은 지금까지도 미국 경제 사상 최대의 위기로 회자된다.

물가↓ ⇨ 수요↓ ⇨ 생산↓ ⇨ 실업률↑ ⇨ 소득↓ ⇨ 수요↓ ⇨ 물가↓

⇨ 생산↓ + 실업률↑ ⇨ 경기 침체 만성화

엎친 데 덮친 격: 스태그플레이션

침체를 뜻하는 '스태그네이션stagnation'과 물가 상승을 의미하는 '인플레이션inflation'을 합친 '스태그플레이션stagflation'은 뉴스에 'S의 공포'와 같은 표현으로 자주 등장한다. 인플레이션이 물가가 지속적으로 상승하는 문제, 디플레이션이 물가가 하락하면서 경기 침체가 동반되는 문제라면 스태그플레이션은 물가가 오르는데 경기 침체가 동반되는 현상을 가리킨다. 스태그플레이션이 처음 발생한 것은 1970년대 석유파동oil shock 때다. 1973년 배럴당 겨우 4달러였던 유가는 두 차례의 석유파동을 거치며 1974년에는 13.4달러, 1979년에는 40달러로 무려 10배나 상승하게 된다. 오늘날과 마찬가지로 당시에도 유가 인상은 물가에 큰 영향을 끼쳤다.

석유파동의 여파로 미국의 물가는 1974~1975년에 12%, 1979년에는 13%나 올랐고, 1975년 미국의 실업률은 9%에 이르면서 대공황 이후 최악의 상황을 맞이한다. 물가가 오르는데 실업률도 증가하며 경기도 침체하게 된 것이다.

인플레이션으로 물가가 오를 땐 주로 경기가 호황이라 실업률은 높지 않은데 반해, 스태그플레이션 상황에서는 물가와 실업률이 함께 올라 이러지도 저러지도 못하게 된다. 물가를 잡으려 하면 실업률이 더 높아지고, 실업률을 낮추려 하면 물가가 더 오르기 때문이다. 요약하자면, 당시 미국의 스태그플레이션은 유가라는 핵심 비용의 급격한 상승이 생산과 소비를 모두 위축시키며 발생했다. 스태그플레이션을 벗어나는 가장 좋은 방법은 기술 혁신을 통해 원가(=비용)를 낮추면서 경제를 활성화하는 것이다. 최근 미국을 비롯한 선진국들이 재생에너지 사업을 열성적으로 추진 중인 것은 환경 문제와 관련이 깊지만, 러시아-우크라이나 전쟁 같이 국제분쟁이 일어나거나 페르시아만의 정치적 긴장이 높아질 때마다 널뛰는 유가에 대처하기 위해서이기도 하다. 아직 원유 의존도가 절대적으로 높은 우리나라는 유가가 급상승할수록 스태그플레이션의 위험에 노출된다고 볼 수 있다.

인플레이션, 디플레이션, 그리고 스태그플레이션은 모두 암과 비슷하다. 초기에는 그나마 해법을 마련할 수 있지만, 본격화되어

말기에 진입하면 손쓸 방법이 거의 없다. 그래서 예방이 중요하고, 그렇다 보니 조금의 기미만 보여도 'I의 공포', 'D의 공포', 'S의 공포'를 운운하는 기사들이 쏟아져 나온다. 적절한 예방을 위해서는 이 또한 필요하다. 하지만 몇몇 매체들은 흔히 '트래픽traffic(특정 통신 장치나 전송로상에서 일정 시간 동안 흐르는 데이터의 양)'으로 대표되는 영향력을 누리기 위해, 또는 특정 집단의 이익을 위해 일부러 과도하게 공포를 조장하는 기사를 내놓기도 한다. 그러니 수많은 기사들 중 무엇이 풍문이고 무엇이 잔소리인지, 어떤 것이 충고이고 어떤 것이 공포 조장인지 잘 판단할 줄 알아야 한다.

최저임금, 높여야 할까? 높이지 말아야 할까?

현재 최저임금 수준이 너무 낮다거나 최저임금 때문에 자영업자가 문을 닫게 되었다거나 하는 이야기를 하려는 것이 아니다. 여기서는 단순히 임금이 물가에 영향을 미치는가에 대해 다뤄보고자 한다. 결론부터 말하자면 임금은 물가와 경제에 영향을 미친다. 다만, 영향을 미치는 정도에 대해서는 서로 다른 의견들이 존재한다.

尹정부 최저임금 9,620원…을(乙) 간 갈등의 골은 깊어졌다(《이데일리》, 2022.06.30.)

임금이 오른다는 것은 생산원가가 오른다는 말과 같다. 생산원가가 오르고 그 원가를 감당하지 못할 경우 기업은 가격, 즉 판매가를 올린다. 가격을 올려도 상품이 팔리면 문제가 없다. 그런데 가격을 올렸을 때 그 상품의 수요가 줄어들고, 결국 수익 감소로 이어질 것으로 예상되는 상황에서는 어떻게 해야 할까? 뉴스에 자주 등장하는 자영업자의 입장을 떠올려보자. 자영업자는 가격을 쉽게 올릴 수 없다. 식당 주인이 밥값을 올리면 즉각적으로 손님이 줄어든다. 편의점 주인은 아예 가격을 결정할 수조차 없다. 그렇다면 최저임금이 인상되어 올라간 원가를 어떻게 낮출 수 있을까? 매상이 그대로라면 자영업자가 얻을 이익을 줄이고, 더 줄일 이익이 없다면 인건비를 줄이는 방법뿐이다. 종업원이나 아르바이트 인력을 줄여 원가를 줄여야 한다.

이런 식으로 인상된 원가를 부담하기 위해 직원을 줄이는 가게가 늘어나면 경기는 침체된다. 일자리를 잃은 사람들이 지출을 줄이기 때문이다. 이처럼 최저임금 인상을 반대하는 사람들은 최저임금의 급격한 인상은 고용주(기업가나 자영업자)에게 부담이 되고 이는 곧 고용률의 감소로 이어져 불황을 가져온다는 논리를 펼친다. 최저임금 인상이 나라를 망가뜨린다는 주장도 여기서부터 시작된다.

그렇다면 최저임금을 올리지 않는 것이 정답일까? 이번에는 반대로 최저임금을 올려야 한다는 입장에서 이야기해보자. 이들은 지금 경제가 잘 돌아가지 않는 이유를 사람들이 쓰고 싶어도 쓸 돈이 없다는 데서 찾는다. 다른 비용(특히 주거 비용)이 너무 높아 현재의 최저임금으로는 소비가 늘어나기에 충분하지 않다는 것이다. 이들은 최저임금이 올라가면 가계의 소득이 늘어나고, 이는 자연히 소비 증가와 경제 활성화로 이어진다고 설명한다. 무엇보다 '최저임금'이란 단어에서부터 알 수 있듯이 낮은 임금을 받는 노동자를 보호하기 위한 법적 제도이기도 하다.

이 문제의 정답을 단기간에 찾기란 쉽지 않다. 본래 경제 정책은 장기간 지켜봐도 그 효과를 명확히 알기 어려운 것이다. 하지만 우리 경제에 중요한 영향을 주는 문제인 것 역시 사실이므로 언론과 정치인, 각 분야 전문가들은 저마다 근거를 가지고 자신의 논리를 강하게 주장하는 중이다. 이 싸움을 가만히 구경만 한다면 아무것도 달라지지 않는다. 신속한 사회적 합의를 내리기 위해서는 자신의 위치에 맞는 주장을 선택하고, 그것에 힘을 실어줘야 한다. 예로 든 기사 제목에서처럼 최저임금 논쟁은 보통 힘없는 '을'끼리의 갈등이 더 깊어지는 결과로 이어지기 때문이다.

4

부동산은 사는Live 곳이자
사는Buy 것

핵심 개념

부동산
건물이나 땅과 같이 움직일 수 없는 자산이다. 반대로 움직일 수 있는 자산은 '동산'이라고 부른다.

분양
신축 아파트를 사고파는 일을 말한다. 대개 청약과 추첨을 거쳐 진행되며 분양 후 경쟁률을 보고 그 성패를 평가한다.

갭 투자
아파트 가격과 전세금의 차이만큼만 내 돈을 투자해 집을 사는 방법이다. 전세금을 받아 부족한 집값을 충당하고, 추후 집값이 오르면 집을 팔아 수익을 얻는다.

부동산세
부동산은 주요 자산 중 하나이기 때문에 이를 거래하고 보유할 때 세금을 내야 한다. 부동산을 살 때는 취득세와 등록세를 납부해야 하고, 가지고 있는 동안에는 보유세를 낸다. 보유세는 크게 재산세와 종합부동산세로 나뉜다. 부동산을 팔 때도 양도소득세를 납부한다.

부동산을 볼 줄 알아야
대한민국 경제가 보인다

할리우드 영화 속 히어로가 아닌 이상 건물이나 땅을 들어서 옮길 수 없다. 그래서 이런 자산을 '움직일 수 없는 자산'이라는 뜻의 부동산不動産이라고 한다. 이와 반대로 '움직일 수 있는 자산'은 동산이라고 부른다. 각각 아파트와 자동차를 떠올리면 이해가 쉽다.

회계적 관점에서 보자면 보다 정밀하게 분류해서 정확한 용어를 사용하는 것이 맞겠지만, 이제 막 경제에 관심을 가지려는 사람은 '부동산=아파트'라고 생각하는 것이 가장 편하다. 그 이유로는 크게 두 가지가 있는데, 하나는 우리나라 사람들의 자산 비율이다. 2022년 통계청이 발표한 〈2021 한국의 사회지표〉에 따르면 우리나라 가구의 전체 자산에서 실물자산이 차지하는 비중은 약 77%이며, 그중 94.3%가 부동산이라고 한다. 나머지 약 23%는 주식, 펀드, 연금, 보험, 현금 등의 금융자산이다. 물론 모든 부동산이 아파트일 리는 없다. 빌라나 오피스텔 같은 다른 건물들과 산이나 임야 같은 땅도 부동산에 포함된다. 하지만 집도 한 채 없는 사람이 다른 부동산을 가지고 있을 가능성은 낮고, 우리나라 전체 주택 중에는 아파트가 압도적으로 많다.

또 다른 이유는 아파트를 가진 사람도 많고 가지고 싶어하는 사람도 많기 때문이다. 사람들의 관심이 집중된 만큼 아파트는 여러 종류의 부동산 중에서도 경제 전반에 많은 영향을 미친다. 뉴스만 봐도 부동산과 관련된 대부분의 기사는 아파트에 대한 것이다. 따라서 경제 관련 지식이 깊지 않은 단계에서는 부동산을 아파트라고 이해해도 경제 기사를 해석할 수 있다.

불편해도 외면할 수 없는 집값

부동산 가격이 오른다는 기사가 나오면 집을 가진 사람들은 '내 재산이 얼마나 늘어나나?'에 주목한다. 집도 돈도 없는 사람들은 '살면서 집 한 채 가져볼 수 있을까?'라는 고민을 거듭하다 '죽을 만큼 어렵다'라는 깨달음에 도달하고는 세상에 불평과 불만을 토해내기 시작한다. 현재 집을 가지고 있지는 않지만 집을 살지 말지 고민하던 사람들은 두 부류로 나뉜다. 무리해서라도 대출을 받아 아파트를 산 뒤 가격이 오르기를 기도하는 사람들과 사지 않겠다고 결정한 다음 부동산 가격이 오르는 것을 보며 과거의 자신을 탓하고 집 값을 관리하지 못하는 정부를 욕하는 사람들이다.

그런데 이상하게도 부동산 가격이 올랐을 때 정부가 잘했다며 칭찬하는 사람은 없다. 오히려 '정부가 집값을 잡겠다고 나서봤자지'라며 비웃는다. 부동산 가격이 떨어졌을 때도 정부는 욕을 먹는다. 집을 가진 사람은 경제를 망가뜨리는 무능한 정부라고 탓하고, 집이 없는 사람은 경제가 죽어가고 있다고 화를 낸다. 특히 고민 끝에 대출을 받아 집을 산 사람이 가장 격렬하게 분노한다. 집값이 올라도 떨어져도 정부는 늘 욕을 먹는 셈이다.

앞서 말했듯이 대한민국 경제와 부동산은 떼려야 뗄 수 없다. 좋든 싫든 이러한 현실을 인정해야 경제 흐름을 제대로 꿰뚫을 수 있다. 부동산 가격을 두고 '올라야 한다' 혹은 '떨어져야 한다'고만 이야기하는 것은 너무 단순한 접근이다. 똑같이 집값이 떨어진 경우라도 안정화 중인 것인지 정말 하락한 것인지에 따라 평가를 달리해야 한다. 경제 뉴스나 기사에서는 이를 주로 '연착륙'과 '경착륙'이라는 말로 표현한다.

아파트는 살기 위한 공간이자 투자 상품이다. 그래서 아파트를 볼 때는 '사는live 기능'과 '돈 버는invest 기능'을 분리해서 생각하기가 어렵다. 두 관점을 모두 고려해야 한다. 부동산은 이동이 불가능하므로 '입지'가 아주 중요하다. 교통, 교육 환경, 편의 시설 등이 모두 잘 갖춰진 곳이 좋다. '브랜드'도 빼놓을 수 없다. 위치가 좋고 구조가 튼튼한 것이 전부는 아니다. 같은 위치에 지어진 아파트라도 브랜드에 따라 값어치가 달라진다. 마치 명품 가방처럼 아파트 가격에도 브랜드의 가치가 반영된다.

최신 스마트폰일수록 기능이나 편의성이 뛰어나 비싸다. 아파트도 마찬가지다. 신축 아파트가 더 비싸다. 하지만 좋은 입지에 있는 오래된 아파트들은 신축 아파트보다 비싼 가격에 매매되기도 한다. 골동품처럼 희소가치를 지녔기 때문에 가격이 높은 것이다. 이 오래된 아파트들의 희소가치는 바로 입지다. 그래서 좋은 입지에 새로운 아파트를 지을 경우 그 가격이 훨씬 더 비싸진다.

아파트와 관련된 경제 이슈들도 무척 많다. 뉴스나 기사에 나오는 단어들을 잘 살펴보면 어떤 이슈를 다루는 것인지 알 수 있다. '과열'이나 '이상 급등'과 같은 단어가 등장하면 거의 대부분이 아파트가 투기 상품으로 변질되지 않을까 우려하는 뉴스다. '신도시', '재건축' 등은 부동산 안정화 정책과, '양도세', '보유세' 등은 부동산 억제 정책과 밀접해 정부가 어떤 태도로 부동산 시장에 대처하

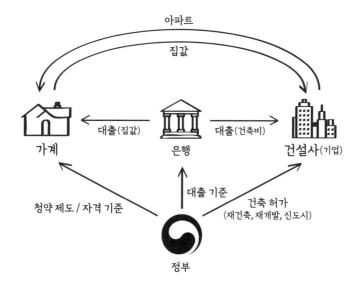

아파트 분양을 사이에 둔 경제주체들의 관계

아파트

집값

대출(집값)   대출(건축비)

가계   은행   건설사(기업)

청약 제도 / 자격 기준   대출 기준   건축 허가
(재건축, 재개발, 신도시)

정부

고 있는지 파악할 수 있다. '건설사' 또는 '건설 경기'라는 말이 들어간 기사는 대체로 기업의 입장에 관한 것이다.

　대출 역시 빼놓을 수 없다. 대출은 부동산을 구매하기 위해 거쳐야 하는 필수 절차에 가까워 은행 및 금융권과 가계 모두에게 중요한 키워드다. 가계의 입장에서 봐야 하는 부동산 뉴스는 더욱 많다. 분양과 투자, 부동산 관련 세금이나 분쟁, 공인중개사 등 일일이 나열하기조차 힘들다. 이처럼 아파트와 경제의 3주체는 긴밀히 엮여 있다. 누구 하나 앞장서서 변화를 도모하기 어렵다. 그런데 현재 상황 그대로 두자는 사람도 없다. 부동산 문제가 유독 난해한 이유다.

그렇다고 해서 아파트 문제를 경제 문제로만 볼 수는 없다. 아파트에는 사람들이 산다는 사실을 잊어서는 안 된다. 층간 소음, 주차, 경비원 고용, 택배 등 아파트에서 일어나는 각종 문제들은 우리 삶과 아주 복잡하게 얽혀 있다. 이와 같이 아파트 문제, 즉 부동산 문제는 경제 문제이자 사회 문제이며 정치 문제이기도 하다. 그러니 어렵다는 이유로 부동산을 외면할 수는 없다. 지금부터 아파트 중심으로 부동산을 사고파는 절차를 살펴보고, 이런 절차가 경제를 어떻게 움직이는지 알아보자.

새 아파트를 사는 방법: 분양과 청약

신축 아파트, 다시 말해 새로 지은 아파트는 인기가 아주 많다. 거주 공간으로서는 생활의 편의성이 뛰어나고, 투자 상품으로서는 환금성(물건을 팔아서 돈으로 바꿀 수 있는 성질)과 투자가치가 높기 때문이다. 이 두 기능은 아파트의 가치를 평가하는 중요한 기준으로, 둘 중 하나라도 부족하면 신축 아파트여도 인기가 다소 떨어진다. 지방에 있는 최고급 새 아파트가 서울에 있는 오래된 아파트보다 가격이 높지 않은 것은 투자 상품으로서의 가치가 상대적으로 낮아서다.

신축 아파트를 판매할 때는 '분양한다'라고 말한다. 뉴스를 보다가 '분양 정보'와 같은 단어가 들리면 새로 지은 아파트를 파는 것이라 이해하면 된다. 분양 공고는 분양 관련 내용을 공개적으로 알리는 일이고, 분양 일정은 새 아파트의 판매를 시작하고 추첨한 뒤 분양 계약을 마무리하는 전체 기간을 가리킨다.

그렇다면 분양 공고가 나왔을 때 분양 일정을 확인한 다음 돈을 내고 아파트를 사면 끝인 걸까? 한 가지가 더 있어야 한다. 바로 자격이다. 집을 사는 데 자격이 왜 필요한 것인지 경제학적으로 생각해보자. 시장경제에서 상품의 가격이 수요와 공급에 따라 달라지는 것은 이미 여러 번 언급했다. 어떤 상품의 공급이 적을 수밖에 없다면 그 상품의 가격은 시장 원리에 따라 수요의 크기만큼 높아져야 한다. 그럼 아파트 분양가가 수요의 크기에 맞춰 높아지도록 내버려두면 되는 것 아닐까? 그렇지 않다. 분양가가 무제한으로 계속 높아진다면 그 금액을 지불할 능력이 있는 사람들만 아파트 분양에 참여할 수 있다는 문제가 발생한다.

집이 있는 사람과 집이 없는 사람 중에는 아무래도 집이 있는 사람이 더 부유할 가능성이 높다. 따라서 동일한 기준에서 경쟁할 경우 집이 없는 사람에게 돌아가는 기회가 줄어들게 된다. 유주택자는 아파트를 또 분양받고 무주택자는 분양에서 탈락하는 일이 반복되면 부익부 빈익빈이 심화되어 사회가 불안정해진다. 분양가를 지불할 수 없는 사람들은 이미 유리한 고지에 있는 사람들과 경쟁하는 것이 불공평하다고 말하며 이의를 제기할 것이다.

분양 공고 ⇨ 분양 일정 확인 ⇨ 분양 자격 확인
⇨ 분양 신청 ⇨ 추첨 ⇨ 결과 발표 ⇨ 계약 완료

자유 시장의 관점에서는 아파트를 구매할 때도 무한 경쟁이 이뤄지도록 놔둬야 할 것 같은데 자격을 평가하며 제한을 두는 것은 아파트가 '거주'를 위한 필수 공간이기 때문이다. 귀금속과 같은 희귀 상품들은 대부분 없어도 사는 데 큰 불편이 없다. 그러나 집은 다르다. 돈이 없다는 이유로 살 곳을 구할 수 없다면 이는 심각한 문제다. 집이 자산인 우리나라에서 '집이 없는 것'은 곧 불평등으로 이어질 수 있다.

시장 원리에 따른 부동산의 가격 인상을 특정 지역에만 적용하는 것은 어떨까? 이 방법은 현실성이 떨어진다. 한 지역(주로 서울)의 집값이 오르기 시작하면 연쇄 작용이 일어나는 우리나라에서는 더욱 그렇다. 서울에서 수도권으로, 수도권에서 다시 지방으로 이어져 결국 전국의 집값이 같이 오른다. 집을 사는 대신 월세나 전세를 내는 경우에도 마찬가지다. 집값이 오르면 세도 함께 오르기 때문에 서민의 주머니에서 나가야 하는 주거비는 점점 늘어난다. 소득에서 주거비가 차지하는 비중이 늘어나니 가계는 다른 지출을 줄여야 하고, 결과적으로 경기가 침체된다. 주거 공간을 유지할 수 없게 되면 사회 취약 계층도 급증한다. 사회 전체가 폭풍 전야와 같이 위태로워지는 것이다. 그래서 정부는 분양에 참여할 수 있는 자격을 정해둠으로써 집이 없는 사람들이 사회에서 밀려나지 않도록 안전장치를 마련한다.

아파트는 매우 유용하고 검증된 투자 상품이다. 가격이 좀 비싸긴 해도 노력해서 돈을 모은 사람에게는 부의 확장 수단이 된다. 그런 아파트의 가격이 한없이 오른다면 아파트를 가지고 있지 못한 사람은 아무리 노력해도 부를 쌓을 수 없을뿐더러 부의 불균형이 심화되기만 한다. 그러므로 정부는 부의 확장 가능성을 어느 정도 보장하는 측면에서 아파트를 분양받을 수 있는 자격을 제한해 기회를 최대한 공평하게 나눠 가질 수 있도록 한다. 아파트 '청약' 제도 역시 이런 정책 중의 하나다.

청약 제도란 일정한 자격을 갖춘 사람들에게 참여 기회를 주고, 참여한 사람들을 대상으로 공정한 추첨을 통해 자원(아파트)을 배분하는 것을 말한다. '청약 통장'이란 말을 들어본 적이 있을 것이다. 은행에 가면 청약 통장 관련 상품을 늘 판매하고 있고, 사회초년생이 첫 번째로 챙겨야 할 금융 상품으로도 청약 통장을 자주 소개한다. 청약 제도가 바뀔 때마다 뉴스에서 중요하게 다뤄진다. 그만큼 온 국민이 청약 제도에 큰 관심을 가지고 있다. 아이돌을 뽑는 예능 프로그램보다 청약 제도를 바라보는 시선들이 훨씬 뜨겁고, 걸려 있는 금액도 훨씬 크다.

"청년이라 혜택 준다? 청년 청약 물량 확대에 40대 부글부글" (《매일경제》, 2022.10.26.)
공공주택 50만 호 연내 사전청약…"무주택 서민 내 집 마련 기회"(《서울신문》, 2022.11.29.)

청약 제도는 계속 바뀐다. 소외되는 계층이 없도록 그때그때 혜택의 요건이나 범위 등을 수정한다. 첫 번째 기사의 제목에서 혜택을 받는 집단은 '청년'이다. 부동산 가격이 오를수록 사회초년생들이 내 집 마련을 할 수 있는 가능성은 점점 낮아질 수밖에 없다. 때문에 정부가 청년을 위한 특공(특별공급)을 대폭 늘리겠다고 나선 것이다. 하지만 한정된 자원을 청년에게 더 많이 공급한다는 계획이 모두에게 반가운 소식인 것은 아니다. 상대적으로 오랜 기간 무주택자로 살아온 40대는 불이익을 받게 되었다고 느껴질 수있다.

두 번째 기사에서 주목한 집단은 '무주택 서민'이다. 집이 있는 사람도 또 다른 집을 가지고 싶어한다. 부자는 항상 부를 늘리는 것에 집중하고, 대한민국에서 아파트는 돈을 불리기에 아주 좋은 상품이다. 특히 부동산으로 짭짤한 수익을 얻어본 사람은 신축 아파트의 가치를 잘 안다. 더욱이 집이 있는 사람은 자산가로 분류되어 집이 없는 사람보다 더 많은 투자 자금을 구할 수 있다. 그래서 집이 없는 사람들에게 조금 더 기회가 돌아가도록 정부가 나서서 청약 제도를 수정한 것이다. 첫 번째 기사 이후 한 달 만에 나온 이 기사에는 상대적 불이익을 받게 된 40대를 위해 돈 많은 청년층을 대상에서 제외하고 40대를 위한 물량을 늘리는 방식으로 제도를 손보았다는 내용이 담겨 있다. 이처럼 청약 제도는 사회적으로 민감한 이슈인 만큼 그 세부 내용이 수시로 바뀔 수 있다는 것에 유의하자.

그렇다면 집을 가지고 있지만 새 아파트를 추가로 분양받고자 청약 통장을 준비해둔 사람들은 어떻게 해야 할까? 이와 관련된 기사도 당연히 나온다.

"깰까 말까"…1주택자 청약 통장 전략은《아시아경제》, 2022.08.18.)

무주택자에게 더 많은 기회가 주어지면 자연스레 유주택자의 기회는 줄어들거나 없어진다. 그런데 여기서 한 가지 알아둬야 할 것이 있다. 부자들은 이미 부를 늘리는 방법을 알고 있으며, 쉽게 포기하지 않는다는 사실이다. 그런 근성 덕에 그들이 부유해진 것일 수도 있다. 앞의 헤드라인에도 적혀 있듯 상황을 충분히 가늠하고 미래를 예측하면서 전략적인 고민을 한다. 당장은 청약 통장을 새 아파트를 분양받는 데 사용하지 못할 수도 있으나 추후 다른 가능성을 찾을 수 있기 때문이다. 정책은 정부가 집행한다. 그런데 이 정부는 5년마다 바뀐다. 지금은 아니더라도 경기의 흐름에 따라 부동산 정책이 달라지고 청약 제도도 바뀔 수 있다. 당장 돈이 급한 것이 아니라면 굳이 청약 통장을 해지하거나 청약 상품 가입을 미룰 이유가 없다.

지금까지 한 이야기를 요약해보자. 새 아파트를 구매하려면 청약을 해야 하고, 청약을 하려면 청약 제도 관련 정보와 청약 통장이 필요하다. 이때 제도를 알고 통장을 갖추는 것은 새 아파트를 얻기 위한 필요조건일 뿐, 충분조건은 아니라는 것을 유념해야 한다.

분양 완판과 미달로 가늠하는 경기

분양 공고 후 청약이 마감되면 그 분양의 성공과 실패를 논하는 기사들이 쏟아진다. 유난히 사람들의 관심이 쏠렸던 아파트 단지의 경우에는 더욱 그렇다. 분양을 성공적으로 마친 경우에는 관련 기사 제목에 주로 '청약 경쟁률 XX : 1'이라는 문구가 달린다. 부동산이 과열되었을 때는 일부 아파트의 청약 경쟁률이 100 대 1을 넘어가기도 한다. 기사 제목에 '미달'이라는 단어가 있으면 모집 인원보다 신청 인원이 적었다는 의미이므로 분양에 실패한 것이다. 청약 경쟁률이 높다는 것은 해당 아파트가 나중에 매우 높은 성과를 낼 만한 투자 상품이라는 것을 뜻한다. 앞으로 아파트 가격이 오를 것이라는 신호로 해석할 수도 있다.

분양 성공 기사의 제목과 내용은 대부분 정형화되어 있다. 사람들이 구름처럼 몰려들었고, 투기 열풍이 우려되며, 그럼에도 이 집을 산다면 얼마의 수익을 기대할 수 있다는 흐름으로 이어진다. 그러다 뜬금없이 '부동산 거품이 우려된다'는 이야기와 함께 마무리된다. 이 기사가 읽는 이에게 전달하고자 하는 메시지는 단 하나, '이 집을 사야 할 것 같지 않은가?'다. 지금 경제가 어떤 상황이든, 부동산 거품이 있든 없든 간에 이렇게 많은 사람들이 집을 사는데 당신은 무엇을 하고 있느냐고 재촉하는 듯하다.

하지만 이런 기사들을 무조건 부동산 호황을 알리는 신호로 받아들이는 것은 조심하자. 분양 끝물에 사람들을 끌어들이려는 유인성 기사일 수도 있다. 기사 하나만 보고 들뜨는 대신 주변 사람들의 이야기에 귀를 기울여보기를 추천한다. 부동산 시장의 과열 정도를 파악하기 위한 가장 쉽고 빠른 방법이다. 언제 어디서든 부동산 이야기를 하는 사람들이 쉽게 발견된다면 부동산 경기가 이미 정점을 찍은 시기라 봐야 한다. 그때는 잠시 숨을 고르는 것이 낫다.

반대로 분양이 미달된 경우도 있다.

둔촌주공도 안 먹혔다…서울 불패 '옛말'(《한국경제TV》, 2022.12.08.)

대기업 불패, 부동산 불패 등 우리 사회에 널리 알려진 '불패' 신화들이 여럿 있다. 부동산 불패는 '청약/분양 불패', '서울/강남/수도권 불패' 등으로 세분화된다. 이러한 불패 신화가 깨지고 있다는 내용의 기사는 사람들에게 '지금 집을 사면 안 될 듯하다' 또는 '경제가 나빠질 것 같다'라는 신호다. 또 다른 측면에서는 단순히 경제가 나빠진 것이 아니라 부동산 과열이 끝나고 시장이 제자리를 찾아가는 과정이라고 볼 수도 있다.

미분양 끌어안다간 망할 판…건설사들, 부동산 한파에 분양 미뤄(《조선일보》, 2022.12.12.)

아파트 분양 관련 기사는 부동산 경기를 예측하는 바로미터 역할도 한다. 향후 아파트 시세를 가늠하려면 분양 성과부터 살펴보자. 분양 시장에서 엄청난 경쟁률을 뚫고 당첨되었다는 것은 금수저를 물고 태어나는 것과 같다. 금수저를 물고 태어났다고 해서 무조건 노후까지 유복하게 살진 않는다. 마찬가지로 분양에 성공한 모든 사람이 훗날 그 아파트로 돈을 벌 수 있는 것은 아니다. 단지 그럴 가능성이 높을 뿐이다. 반대로 분양에 실패했다면, 그것도 사람들에게 주목받던 단지나 지역에서 미분양이 발생했다면 당분간 부동산 시장의 흐름이 좋지 않을 것이란 전망이 가능하다.

여러분이 분양 공고를 확인한 뒤 여러 절차를 걸쳐 엄청난 경쟁률을 뚫고 당첨되어 돈을 벌 기회를 잡았다고 해보자. 과연 그 아파트는 정말 '내 집'일까? 부의 상승 열차에 올라탔으니 기뻐할 일만 남을 걸까? 절대 그렇지 않다. 이제 막 '집주인'이 되기 위한 열차 탑승 자격을 얻은 것에 불과하다. '분양 대금 납부'라는 무시무시한 본선이 아직 남아 있다.

도대체 아파트는
어떻게 해야 살 수 있나

아파트는 평범한 사람이 구매하는 물건 중 가장 비싸다. 게다가 집값은 물가에 포함되지 않아 아무리 올라도 정부에서 발표하는 물가지수를 봐서는 그 수준이 어느 정도인지 알 수 없다. 워낙 액수가 크다 보니 집값을 반영하면 오히려 물가가 왜곡될지도 모르겠다. 어찌 됐건, 모든 사람이 인생을 살면서 가장 비싼 물건을 사는데 충분한 현금(또는 자금)을 가지고 있다면 오히려 신기한 일일 것이다. 상식적으로 아파트를 사려면 돈을 빌려야 한다. 돈을 빌려주는 곳은 은행 등의 금융기관이다. 은행에서 여러분의 선한 얼굴을 보고 "그동안 고생하셨으니 이 돈으로 꼭 집을 마련하세요"라며 돈을 그냥 빌려줄 리는 없다. 돈을 빌리려는 사람과 빌려주려는 사람이 필요로 하는 부분을 서로 채워줘야 한다. 이를 위해 만들어진 상품이 주택담보대출이다.

내 돈만으로는 아파트 못 사요

주택담보대출은 대출금을 갚지 못할 경우 은행에 내 집의 처분권을 넘기는 것을 조건으로 돈을 빌리는 방법이다. 돈을 빌린 사람이 대출금을 상환하지 못했을 때 은행은 담보로 잡은 집을 경매에 내놓아 다른 사람에게 팔아서 상환받지 못한 대출금을 채운다.

> 3분기 가계 빚 역대 최대…집값 떨어져 주감대 증가세는 주춤
>
> 《서울신문》, 2022.11.23.)

아파트를 구매하는 방법은 크게 새 아파트를 구매하는 분양과 헌 아파트를 구매하는 매매로 나뉘는데, 어떻게 구매하든 대출은 거의 불가피하다. 따라서 주택담보대출의 증가 추이를 살펴보면 부동산 경기가 활성화될지 침체될지 가늠할 수 있다. 집값의 상승을 기대하고 사람들이 아파트를 많이 사면 주택담보대출이 늘어

날 것이고, 집값의 유지 또는 하락이 예상되어 아파트를 사지 않으면 주택담보대출이 줄어들 것이다. 다만 주택담보대출의 증가 추이와 부동산 경기의 흐름이 꼭 들어맞지는 않는다. 아파트 구매가 아닌 생활비 마련을 위해 대출을 받는 사람들도 있기 때문이다.

앞서 예로 든 기사의 헤드라인을 보면 개별 가구의 빚은 역대 최대 수준으로 쌓였지만, 일반적으로 가계 부채에서 가장 큰 비중을 차지하는 주택담보대출의 증가세는 주춤거린다고 한다. 이른바 '영끌'해서 대출을 받아 집을 사던 시장 분위기가 최고점을 지나면서 진정되고 있다는 해석이 가능하다. 그 이유는 집값의 하락이다. 하지만 주택담보대출의 증가세는 꺾였어도 가계 부분의 대출은 아직 안심하기 어려운 상태다.

부동산 거품이 무서운 이유는 대출이란 반드시 갚아야 하는 것이기 때문이다. 빌린 사람이 갚지 못하는 상황이라면 누군가가 대신 갚아야 한다. 먼저 나서는 것은 돈을 빌려준 은행이다. 은행은 담보로 잡은 아파트를 팔아 대출금을 회수한다. 그런데 부동산 거품이 터지면 담보물의 가치도 떨어져 이를 팔아도 빌려준 돈을 전부 회수할 수가 없다. 따라서 가치가 하락한 담보물을 많이 가진 은행은 운영이 위태로워진다. 은행이 망하고 누구도 빚을 갚지 못할 경우에는 결국 정부가 국민의 세금을 들여서 메꾼다. 정부가 주택담보대출의 추이를 면밀히 살피는 이유이기도 하다.

"영끌해서 마련한 집, 후회합니다"…빈곤층 전락하는 2030(《한국경제》, 2022.11.03.)

이 기사에 2022년 대한민국의 부동산 시장 상황을 극명히 드러나 있다는 생각이 든다. 집값이 오르는 시기에는 '위험을 감수해서라도 흐름을 타는 것이 좋다'라는 논조의 기사들이 위험을 경고하는 기사들보다 더 자주 나왔다. 가계대출이 늘어나고 있었음에도 '벼락거지' 같은 말들로 '나만 뒤처질지도 모른다'는 사람들의 위기감을 부추겼다. 그러다 부동산 시장이 하락세로 변했고, 사람들은 진짜 '빈곤층'이 될지 모른다는 공포에 시달리는 중이다.

부동산 경기를 가늠하는 첫 단계가 분양이라면 주택담보대출의 증감은 두 번째 단계다. 대출금은 보통 '거래량'과 같이 움직인다. 부동산 거래량이 증가하면 대출금도 증가하고, 거래량이 줄어들면 (일반적으로) 대출금의 총량도 줄어든다.

대출이라는 부담을 지면서까지 아파트를 구매하는 이유는 분명하다. 빚을 지고 이자를 내더라도 집값이 오르기만 하면 이득을 볼 것이라는 확고한 믿음이 있어서다. 이 믿음은 아주 오래전부터 대한민국 사람들의 DNA에 새겨지다시피 한 것이다. 젊은 세대일수록 믿음보다 지표와 수치를 기준으로 판단하려 하지만, 몇 번의 경험을 거치면 믿음이 강화된다. 대출금리는 오르는데 집값은 오를 기미가 보이지 않자 상대적으로 수입이 적은 20~30대부터 어려움에 맞닥뜨리게 되었다. 위기는 약한 곳에서부터 시작된다. 지역으로 치면 지방, 세대로 치면 2030, 금융권으로 치면 제2금융권부터 말이다. 그럼에도, 힘든 시기를 거쳐 집값이 다시 오른다고 하면 언제든 타오를 준비가 되어 있는 곳이 대한민국의 부동산 시장이다.

부동산 기사를 읽기 전에 알아둘 것

"규제 지역 해제·대출 완화 연착륙 기여…매수 심리 회복엔 역부족《연합뉴스》, 2022.11.10.)

인구구조와 사회구조가 더욱 혁신적으로 변화하기 전까지는 아파트를 향한 우리나라 사람들의 맹목적인 시각이 바뀌기는 어려울 것 같다. 오늘날 한국의 중년층이 가질 수 있는 인생의 동반자는 두 종류다. 하나는 결혼으로 맺어진 배우자이고, 나머지 하나는 채무 관계로 얽힌 은행이다. 집의 소유권은 배우자와 나누기도 하지만, 대출을 받아 집을 샀을 경우에는 은행과도 나눠 갖는다. 이렇듯 부동산은 한 가정의 터전인 동시에 가계 및 금융과 밀접하게 연결되어 있다. 그래서 한 가정을 넘어 한 나라의 경제를 뒤흔들 만한 힘을 지닌다. 그러므로 뉴스를 볼 때는 부동산 관련 기사도 꼭 챙겨야 한다.

부동산 관련 기사에 '규제' 또는 '정책'이란 단어가 나오면 주의를 기울여야 한다. 부동산 규제나 정책은 대부분 단기적으로는 효과가 미미하지만 장기적으로는 영향력이 크기 때문이다. 그렇다 보니 기사 헤드라인에는 '별 효과 없다', '시장은 무반응' 같은 표현이 함께 등장하는 경우가 흔한데, 당장은 아니어도 미래에는 분명하게 영향을 끼친다. 부동산 규제 중 대표적인 것으로 지역 규제와 대출 규제가 있다. 지역 규제는 크게 '조정 대상 지역'과 '투기 과열 지구'가 있는데, 조정 대상 지역이 되면 청약과 대출, 전매(분양 받은 아파트를 파는 것)에 제한이 따르고 세금도 중과세를 적용받는다. 투기 과열 지구는 제한 조건이 더욱 강력하다. 그 내용이 워낙 복합적이기도 하지만, 부동산 경기에 따라 세부 규제 내용과 대상 지역이 수시로 바뀌기 때문에 부동산에 관심이 있다면 최신 정보를 계속 업데이트할 필요가 있다.

대출 규제로는 DTI(총부채 상환 비율), LTV(담보 인정 비율), DSR(총부채 원리금 상환비율)이 있다. 이 중 LTV는 담보물(은행에 돈을 빌리기 위해 맡기는 부동산) 가격의 몇 %까지 대출이 가능한지 따지는 것이다. 담보로 맡긴 아파트의 가격이 10억 원이고 LTV가 70%라면 7억 원까지 빌릴 수 있다. DSR은 DTI의 상위 버전이라 볼 수 있으므로, 두 가지 중에서는 DSR을 보는 것이 낫다. DSR은 나의 연간 소득 대비 매년 갚아야 하는 대출 원금과 이자의 비율을 가리킨다. 예를 들어 내 연봉이 4천만 원이고 DSR이 50%라면 내가 빌릴 수 있는 금액은 매년 갚아야 하는 원금과 이자를 합쳐 2천만 원을 초과할 수 없다. 주택담보대출의 기간이 40년 혹은 50년으로 늘어나는 이유 중 하나가 바로 DSR이다. 대출 기간이 늘어날수록 매년 갚아야 할 금액이 줄어들기 때문에 DSR 기준에 맞추면서도 더 많이 빌려주기 위해 기간을 늘리는 것이다. 대출 규제의 세부 내용 역시 자주 변경되고 계산이 복잡하므로 온라인이나 앱의 대출 계산기를 활용하는 것을 추천한다.

각각의 용어들을 자세하게 알아둔다면 물론 더 좋겠지만, 가장 중요한 것은 부동산 정책의 방향성을 파악하는 일이다. 규제나 정책 관련 용어들에 '강화'가 붙었다면 부동산 시장을 통제해서 안정화하겠다는 뜻이고, '완화'가 붙었다면 침체된 부동산 시장을 활성화시키겠다는 뜻이다. 단, 정부의 의도와는 달리 부동산 시장은 규제 발표 시점보다 늦게, 대신 확실하게 반응하는 경우가 많다는 점도 잊지 말아야 한다. 규제를 완화한다고 해서 즉시 집을 사거나 규제를 강화한다는 소식에 바로 집을 판다면 예상과는 다른 결과를 맞이할 수 있다는 이야기다.

전세,
똑똑하게 살아보자

경매로 사는 것이 아니라면 지금까지 다룬 것 외에 아파트를 사고 파는 과정에는 특별한 것이 없다. 워낙 비싼 물건이라 대출을 끼고 사는 경우가 많긴 해도 돈을 내고 아파트를 사는 거래의 큰 틀 자체는 매우 간단하다. 복잡한 정도로 따지면 월세와 전세, 그중에서도 전세가 더 어렵다.

월세는 집세, 즉 집 사용료를 다달이 내는 것이다. 전세는 매달 집세를 내는 대신 계약을 맺을 때 목돈을 집주인에게 주고 계약 기간이 끝날 때 그 돈을 그대로 돌려받고 집에서 나오는 방식이다.

이때 목돈(전세금)의 액수는 그 집의 매매가격을 기준으로 산정하는 것이 일반적이다. 과거에는 전세금이 아파트 매매가격의 절반 수준이었으나 요즘은 그렇지만은 않다. 전세가가 치솟으면 매매가격의 70~80%에 이르기도 하고, 집값이 급격히 떨어지면 전세가가 매매가를 앞지르는 이른바 '깡통전세'가 생기기도 한다. 또한 전세가가 급격히 하락할 경우 전세계약을 연장하는 세입자에게 집주인이 이전에 받았던 전세금을 돌려줘야 하는 상황도 벌어지는데, 본래 전세금은 세입자가 집주인에게 주는 것이기 때문에 이를 '역전세'라고 부른다.

목돈 주고 통째로 빌리는 전세

전세 제도를 두고 나올 수 있는 질문은 여러 가지다. 전세가에 돈을 조금만 더 보태면 집을 살 수 있는 경우에는 '차라리 집을 사지, 왜 전세로 살아?'와 같은 질문을 많이 받는다. 사람들은 왜 전세로 살까? 우선, 일시적으로 거주할 목적이라면 집을 사는 것보다는 조금 더 저렴한 전세금을 내고 살다가 나오는 것이 낫다. 아파트 가격의 지속적 하락이 예상되는 때에도 잠시 전세로 살며 집값이 떨어지길 기다렸다가 더 좋은 집을 저렴한 가격에 사는 것이 훨씬 이득이다. 게다가 전세로 살면 아파트를 사고, 보유하고, 팔 때

전세와 월세의 구조

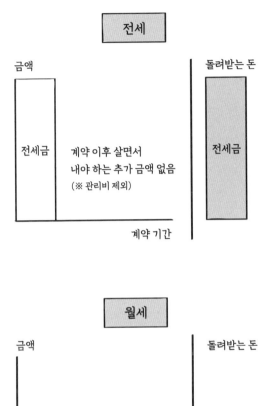

전세

금액

전세금

계약 이후 살면서
내야 하는 추가 금액 없음

(※ 관리비 제외)

돌려받는 돈

전세금

계약 기간

월세

금액

매달 일정 금액을
집주인에게 지불

(=내 주머니에서 사라지는 돈)

보증금 | 월세 | 월세 ·········· 월세 | 월세

계약 기간

돌려받는 돈

보증금

※ 반전세의 경우 월세보다 보증금이 높고, 매달 내는 돈이 적음

내야 하는 각종 세금(취등록세, 재산세, 양도세 등)을 내지 않아도 된다. 집의 인프라와 관련된 수리비도 대부분 집주인이 내준다.

월세는 집주인에게 내고 나면 다시 돌려받을 수 없고, 매달 꼬박꼬박 내야 한다. 반면 전세는 다달이 내야 할 돈이 없고 계약 기간이 만료되면 전세금을 돌려받는다. 계약 기간 동안 전세금으로 얻을 수 있는 이자를 포기해야 하지만 월세보다는 적은 액수다. 최근에는 '반전세'라고 하여 전세와 월세를 섞은 방식도 많이 사용된다. 그러므로 세입자(집세를 내고 집을 사용하는 사람) 입장에서는 전세를 굳이 마다할 이유가 없다.

그렇다면 집주인은 왜 전세로 집을 빌려줄까? 월세를 받으면 달마다 수익이 생기지만 전세는 그렇지 않다. 전세금으로 받은 목돈을 은행에 맡겨두면 이자가 붙긴 한다. 그래도 보통은 월세를 받는 것이 더 유리하다. 그럼에도 전세를 놓는 이유를 이해하려면 '갭투자'를 알아야 한다.

돈이 부족해도 집을 살 수 있다?

아파트는 비싼데 대출받기도 어려운 사람은 어떻게 집을 살 수 있을까? 전세금을 활용하면 된다. 예를 들어, 아파트 가격이 1억 원이고 전세가가 7천만 원이라고 해보자. 그렇다면 3천만 원만 더 있으면 집을 살 수 있다. 그 집을 전세로 빌려주기로 하고 세입자에게 전세금 7천만 원을 받은 뒤 내 돈 3천만 원을 보태면 된다. 흔히 '전세를 끼고 집을 산다'고들 표현한다. 이렇게 아파트 가격과 전세금의 차이만큼만 내 돈을 투자해 집을 사는 것을 갭gap 투자라고 한다.

갭 투자를 하는 이유는 명확하다. '집값이 오를 것이다'라는 확신이 들었는데 돈이 없기 때문이다. 왜 집값이 오를 것이라는 확신이 필요할까? 집을 살 때 그 집의 가격이 1억 원이었고, 갭 투자를 해서 그중 3천만 원만 내 돈이었다고 가정해보자. 1년 후 집값이 1억 1천만 원으로 올랐다. 단순하게 보면 1천만 원의 이익을 얻은 것이지만, 수익률을 따지면 어마어마하다. 3천만 원을 투자해서 1천만 원을 얻었으니 수익률은 무려 33%나 된다.

그런데 반대로 집값이 떨어졌을 경우에는 문제가 커진다. 갭 투자를 한 당사자만 손해를 보는 것에서 끝나지 않을 수도 있다. 위와 동일한 상황에서 집값이 6천만 원으로 내려갔다고 해보자. 세입자가 계약 기간이 끝났으니 집에서 나가겠다고 한다. 전세금 7천만 원을 돌려줘야 하는데 집을 팔아도 내 손에는 6천만 원밖에 남지 않는다. 어쩔 수 없이 다른 돈 1천만 원을 더해 7천만 원을 만들어 세입자에게 줘야 한다. 그런데 집주인이 1천만 원이 없다고 버티면 세입자는 무척 난감해진다. 결과적으로는 집주인과 세입자가 모두 피해를 입는다. 이런 상황에 놓인 세입자는 당연히 집주인과 분쟁을 시작한다.

"전세금 못 받은 세입자, 계약 기간 만료 후 버텨도 불법 점유 아냐"《문화일보》, 2022.12.05.)

그런데 집값에 변동이 없어도 전세금 분쟁이 일어날 수 있다. 첫째는 원래 살던 전세 세입자가 이사를 가겠다고 하는데 새로 이사를 들어오겠다는 사람이 없는 경우다. 새로운 세입자가 없으면 집주인은 자신의 자산에서 7천만 원을 꺼내 기존 세입자에게 줘야 한다. 그런 다음 새로운 세입자가 나타나야만 그 돈을 채울 수 있다. 둘째는 전세금 시세가 하락한 경우다. 전세금 시세가 7천만 원에서 6천만 원으로 떨어졌다고 해보자. 그렇다면 집주인은 시세에 따라 전세금을 낮춰 새로운 세입자에게는 6천만 원을 받고 집을 빌려줘야 한다. 하지만 기존 세입자에게는 처음 계약대로 7천만 원을 돌려줘야 하므로, 1천만 원을 더 마련해야 한다. 그래서 새로운 세입자가 제때 나타나지 않거나 집주인이 돈을 무사히 마련하지 못하면 분쟁이 벌어진다.

전세와 관련된 돌발 상황: 역전세와 깡통전세

집값처럼 전세가도 오르고 내리기를 반복한다. 대개 집값이 오를 때 같이 오른다. 그래서 오르는 전세가를 감당하지 못해 살던 집에서 나가야 하는(쫓겨나는) 서민들의 이야기가 뉴스에 종종 나온다. 그런데 반대의 경우도 가끔 일어난다. 8천만 원의 전세금을 내고 입주했는데, 시세가 내려가 주변 집들의 전세가가 6천만 원이되었다. 이때 세입자와 재계약을 하려면 집주인은 전세금을 시세에 맞춰 낮추고 이전에 받았던 전세금 중 2천만 원을 세입자에게 돌려줘야 한다. 이런 경우가 바로 앞서 언급한 바 있는 역전세다.

'8억 → 4억' 반값 매물 속출, 역전세난까지 덮친 전세 시장《주간동아》, 2022.12.11.)

역전세가 발생하면 갭 투자로 인한 문제와 똑같은 상황이 펼쳐진다. 집주인은 더 좋은 조건의 집으로 이사하겠다는 기존 세입자에게 전세금을 낮춰 재계약을 제안하거나 새로운 세입자를 구해야 한다. 둘 중 어느 경우든 집주인은 2천만 원의 손해를 봐야 하고, 그만큼의 돈이 없으면 분쟁이 일어난다. 위 기사는 역전세 때문에 집주인이 집을 급매물로 팔아서 세입자에게 전세금을 돌려준 사례를 보여준다. 경험상 이런 방식으로 집주인이 역전세 문제를 해결하는 것은 아주 희귀한 경우이긴 하다.

이번에는 깡통전세를 알아보자. 깡통은 '알맹이가 없는 물건'을 가리키는 말이다. 1억 원짜리 아파트를 사기 위해 집주인은 갭 투자를 하기로 하고 세입자로부터 전세금 5천만 원을 받았다. 그래도 돈이 부족해 주택담보대출로 은행에서 3천만 원을 빌렸다. 집주인의 돈은 2천만 원이 들어갔다. 이렇게 산 아파트 가격이 오르기만 하면 괜찮다. 그러나 아파트 가격이 떨어지면 골치가 아파진다. 아파트 가격이 7천만 원으로 떨어졌는데 세입자가 이사를 나가겠다고 하면 어떻게 될까? 집주인은 돈이 없고, 새로 전세를 들어오겠다는 사람도 없다. 아파트를 팔아 전세금을 돌려주고 은행에서 진 빚도 갚아야 한다. 그런데 전세금과 대출금을 합치면 8천만 원이므로 집을 팔아도 모두 갚을 수가 없다. 세입자와 은행 둘중 한쪽은 1천만 원을 덜 받아야 하는 상황이다. 이럴 때 은행은 거의 손해를 보지 않는다. 담보로 잡은 아파트를 팔거나 경매에 넘겨서 얻는 돈을 1순위로 가져가는 것은 대체로 은행이다. 결국 피해는 세입자에게 돌아간다. 심지어 경매로 넘어가면 시세보다 싸게 팔리는 경우가 대부분이라 1천만 원보다 더 큰 손해를 본다.

이처럼 아파트의 가치가 집주인이 진 빚보다 적으면 그 집은 알맹이가 없는 빈 깡통과 같다는 의미에서 깡통전세라 부른다. 그러므로 전세를 들어갈 때는 항상 집주인이 그 집을 담보로 대출을 얼마나 받았는지 확인해야 한다. 담보로 묶여 있지 않은 집이 가장 좋고, 대출을 낀 집이라면 대출금과 전세금을 합친 액수가 집값의 70%를 넘지 않아야 안전하다. 경매에서는 대개 시세의 70% 가격에 집이 팔리기 때문이다.

'깡통전세' 주의보…"'반환보증'으로 전세금 지키세요"《한국경제 TV》, 2022.12.05.)

전세금을 두고 집주인과 세입자 사이에 분쟁이 일어나면 상대적으로 약자인 세입자가 피해를 보는 경우가 많다. 이런 피해를 줄이기 위해 정부는 전세보증금 반환보증 제도를 강화했다. 안전한 전셋집이 없어 위험 부담이 있는 것을 알면서도 이사를 가야 하는 사람은 반환보증 제도를 활용하는 것이 좋다. 이를 취급하는 보증기관으로는 주택금융공사HF, 주택도시보증공사HUG, 서울보증보험SGI 등이 있다. 반환보증 제도에 가입하려면 이 중 한 곳의 심사를 거쳐야 하고, 일정한 보증료도 내야 한다. 전세금을 날릴까 봐 전전긍긍하는 것보다는 보증료를 내고 안전장치를 갖추는 것이 백 배 낫다. 물론, 안전장치를 마련했다고 해서 모든 위험이 해결되진 않는다. 하지만 안전벨트를 매도 큰 사고가 나면 다칠 수밖에 없다고 해서 안전벨트가 아예 필요 없는 것은 아니다.

한 가지 팁을 더 전하자면, 이사를 하면 그 동네 주민센터에 방문해서 '확정일자'를 받아두는 것을 잊지 말자. 온라인으로도 확정일자를 받을 수 있으니 아무리 바빠도 꼭 챙겨야 한다. 확정일자란 기관이 확인한 계약일자를 말한다. 물론, 확정일자만으로 위험을 모두 막을 수는 없다. 모든 법에는 허점이 있기 마련이다. 그래도 확정일자가 없을 때 받을 불이익은 방지할 수 있다. 서민들에게 전세금은 집값만큼은 아니어도 매우 큰돈이다. 집주인도 법을 지키고 상식적으로 행동해야겠지만, 세입자들 역시 자신의 자산을 지키기 위해 할 수 있는 노력은 전부 해야 한다.

'실제 집값'을 정부가 관리하는 이유

부동산 경기의 좋고 나쁨을 판단하는 지표로 '거래량'도 사용된다. 가격 변동이 별로 없는 가운데 거래가 꾸준히 이뤄지면 경제가 안정적으로 돌아가고 있다고 봐도 무방하다. 반면 거래량이 갑자기 크게 늘거나 줄면 경기가 심상치 않은 상태라고 볼 수 있다.

"전 국민이 '과매수공포증' 걸린 상태…호가보다는 실거래가 중심으로 봐야"《경향신문》, 2022.12.11.)

부동산 거래량과 관련된 기사에 자주 등장하는 단어들부터 살펴보자. 예시의 기사 제목에도 사용된 '호가'는 집주인이 집을 내놓으며 매긴 가격, 다시 말해 물건을 팔겠다고 제시한 가격을 뜻한다. 호가가 제시 가격이라면 '실거래가'는 실제 거래된 가격이다. 실거래가는 국토교통부에서 발표한다. 이론적으로는 호가와 실거래가는 일치하거나 조금 차이 나는 것이 맞겠지만 실제로는 그 격차가 상당해서 정부가 나서서 통제한다.

호가와 실거래가가 다른 이유는 무엇일까? 여러 이유가 있겠지만 대표적인 것을 꼽자면 아파트 거주민 모임(부녀회 등)에서 '이 가격 밑으로는 집을 내놓지 말자'라는 식으로 담합해 집값을 관리하기 때문이다. 담합에서 끝나는 것이 아니라 그보다 낮은 가격에 거래를 성사시키는 공인중개사가 있으면 해당 공인중개사에게 앙갚음을 한다. 그 공인중개사에는 아파트 매매를 맡기지 않는 식으로 말이다. 독점이나 과점처럼 공급자들이 일부러 가격을 내리려 하지 않는 상황 때문에 호가와 실거래가의 차이가 발생한다. 그리고 그 차이는 시장이 급락할수록 더욱 벌어진다. 시장의 원리에 따르지 않고 인위적으로 가격을 조정하려 하니 왜곡이 생기는 것이다. 정부가 담합이나 허위 매물을 관리하는 것은 바로 그런 왜곡들을 해소하기 위해서다.

부동산의 마무리는
세금

시장경제에서 자산을 가진 사람은 그에 맞는 세금을 부담해야 하는데, 자산은 곧 힘이기 때문이다. 힘을 가진 사람에게는 그만큼의 책임도 뒤따르기 마련이다. 부동산은 중요한 자산 중의 하나다. 그래서 아파트를 살 때와 가지고 있을 때, 팔 때 모두 세금을 낸다.

아파트를 소유하게 되면 가장 먼저 '취득세'를 낸다. 자산을 얻었기 때문에 내는 세금이다. 자신이 그 자산의 주인이라는 것을 국가에게 인정받기 위해 절차에 따라 '등록세'도 낸다. 아파트를 가지고 있는 동안에는 '보유세'를 내는데, 보유세는 크게 재산세와

세상 친절한 경제상식

종합부동산세(줄여서 '종부세'라고 부른다)로 분류한다. 마지막으로 다른 사람에게 아파트를 팔아 이익을 얻으면 '양도소득세'를 납부한다.

부동산 관련 세금이 왜 이렇게 많냐는 불평이 나올 수도 있겠지만, 여기서는 세금의 공정성을 따지고자 하는 것이 아니다. 절세 방법을 알아보려는 것도 아니다. 부동산 거래를 할 때 얼마의 세금을 내야 하고 어떤 방법으로 절세할지는 아파트를 매매할 때 직접 알아보는 것이 합당하고 적절하다. 이 책에서는 세금이 부동산 경기에 영향을 미치는 이유를 살펴볼 생각이다.

부동산은 가지고 있기만 해도 돈이 들어간다

부동산 거래량이 너무 줄어들면 정부는 거래를 활성화시키기 위해 뭐든 시도해야 한다. 대표적으로 마트에서는 할인 행사를 열어 손님을 끌어들이는 것처럼 비용 부담을 낮춤으로써 거래를 독려하는 방법이 있다. 하지만 정부가 아파트 가격을 강제로 내릴 수는 노릇이다. 그럼 어떻게 해야 할까?

새해 내 집 마련 목표라면…어떤 혜택 있나?

《뉴시스》, 2022.12.31.)

다행히도 정부가 할 수 있는 일 중 아파트 가격 낮추기와 유사한 효과가 나는 것이 있다. 세금을 줄여주거나, 대출을 받기 쉽게 해주거나, 청약 당첨 확률을 높여주는 것이다. 일례로 2023년부터 생애 처음으로 주택을 마련하는 사람은 200만 원 한도 내에서 취득세를 면제받을 수 있다. 1년간 한시적으로 운영되는 '특례보금자리론'도 출시되었다. 특례보금자리론은 9억 원이 넘지 않는 아파트를 구입할 경우 소득에 상관없이 약 4%대의 금리로 최대 5억 원까지 빌릴 수 있는 상품이다. 이 밖에도 추첨 물량을 늘려 상대적으로 청약 점수가 낮은 신혼부부나 청년층에게 더 많은 기회를 제공했다. 보통은 한 번에 하나의 정책만 나오는데, 부동산 경기가 좋지 않을수록 특정 계층이나 전체를 대상으로 하는 포괄적인 것들이 나오는 경우가 많다. 마찬가지로, 부동산 경기가 과열일 때는 이와 반대 방향의 정책이 수시로 등장한다.

다주택 부동산세 줄이고, 대출 쉽게 (《아시아경제》, 2022.12.30.)

이번에는 다주택자에 대한 세금이다. 부동산 경기가 과열되면 여러 채의 주택을 가진 사람들이 문제의 핵심이라고 보는 경향이 많다. 이들이 거주가 아닌 투기를 목적으로 집을 사들여 집값을 올린다고 보기 때문이다. 부동산 경기를 진정시켜야 하는 정부는 당연히 이들에게 무거운 세금을 부과하는 정책을 내놓는다. 이를 '중과세'라고 한다.

거꾸로 부동산 경기가 지나치게 침체되면 정부는 반대의 정책을 도입한다. 이 경우 '완화', '폐지' 등의 단어들이 기사 헤드라인에 많이 등장하게 된다. 실제로 2023년부터 조정 지역의 2주택자에게 부과되던 중과세가 일반 과세로 바뀌었다. 3주택자에게는 여전히 중과세를 부과하되, 세율을 조금 낮췄다. 더불어 그동안 규제 지역 내에서는 다주택자가 대출을 받을 수 없었으나 이 역시 일정 수준 완화시키기로 했다.

부부 공동·서울 2주택자 종부세 내년에 가장 많이 감소
(《MBC》, 2022.12.25.)

이번에는 부동산 보유세 중 뉴스에서 가장 많이 언급되는 '종부세'에 대해 좀 더 자세히 알아보자. 종합부동산세는 조세의 형평성을 위해 고가의 부동산을 보유한 사람에게 상대적으로 더 많은 세금을 부과하는 것이다. 그렇다면 두 가지 질문이 생긴다. 부동산의 가격이 얼마나 되어야 '고가'일까? 또, 이 제도가 어째서 조세 형평을 위한 것일까?

먼저, 두 번째 질문부터 이야기해보자. 이는 종합부동산세의 존

립 여부에 대한 질문이다. 종합부동산세를 두고 헌법 소원과 각종 다툼이 지속적으로 있어왔지만, 현재까지는 합헌으로 보고 있다. 한정된 자원의 대표 격인 부동산 중에서도 고가의 물건(주택이나 토지)을 가지고 있다면 합당한 수준의 세금을 부담해야 한다는 논리다. 또한 종합부동산세의 시행에는 부동산 가격의 안정화와 국토의 균형 발전이라는 목적도 있다.

첫 번째 질문에 대한 답은 결국 정부의 정책 방향성이 된다. 이전까지는 종합부동산세 부과 대상이 6억 원(1세대 1주택의 경우 9억 원)을 초과하는 주택이었으나, 그 기준이 9억 원(1세대 1주택의 경우 12억 원)으로 바뀌었다. 앞서 예로 든 헤드라인처럼 부부가 공동으로 주택을 소유하고 있다면 기준 금액이 훨씬 높아지기 때문에 종부세 대상에서 제외될 수 있다. 2주택자 역시 기준 금액이 올라가고 중과세도 폐지되어 혜택을 받을 가능성이 높아졌다.

아예 없어지지 않는 한 종합부동산세는 앞으로도 부동산세 관련 기사에서 단골손님으로 계속 등장할 것이다. 이때 꼭 내가 종부세 부과 대상이 아니더라도 기사들을 들여다보고 정부가 종부세를 완화하려 하는지, 아니면 강화하려 하는지 알아두는 것만으로도 부동산 정책의 전반적인 방향을 가늠해볼 수 있고, 나아가 미래의 부동산 시장도 전망해볼 수 있다.

집을 빌려주는 사업, 아파트 임대사업자

부동산이 문제가 되는 근본적인 이유는 사람들이 살고 싶어하는 지역 내 적당한 가격에 살 수 있는 집이 부족하다는 것이다. 그렇다면 집을 꼭 사지buy 않아도 살live 수 있으면 되는 것 아닐까? 아파트를 여러 채 가지고 있어도 합리적인 가격으로 집이 없는 사람들에게 세를 받고 빌려준다면 한 사람이 여러 채의 집을 소유하는 것이 집값 상승으로 이어지지 않을 것 같다. 이러한 생각으로 시행된 것이 '아파트 임대사업자' 제도다. 안타깝게도 이는 정부의 일관되지 못한 정책으로 제대로 정착하지 못한 제도의 대표적인 사례이기도 하다.

'파격 세제 혜택' 아파트 임대사업자 등록 부활…실효성은《머니S》, 2022.12.25.)

위의 헤드라인을 함께 보자. '부활'이라는 단어를 통해 정부가 사장되었던 제도를 다시 살렸음을 설명하는 동시에, 그 실효성 여부에 의문을 제기하고 있다. 먼저 아파트 임대사업자 제도에 대해 소개하자면, 아파트를 여러 채 보유하더라도 타인에게 임대할 수 있게 사업자 등록을 한다면 투기 목적이 아닌 것으로 보고 부동산 세금 면에서 여러 혜택을 주는 것이다. 대표적으로 종부세나 양도세의 중과를 낮추거나 취득세를 줄여주는 것 등이 있다. 이 제도는 부동산 시장이 급격한 상승세를 보였던 2017년 말에 도입되었다가 1년 만에 혜택을 대폭 줄였고, 이어서 2020년에는 아예 폐지된 바 있다. 부동산 가격이 계속 오르는 가운데 이 제도로는 집값 안정이라는 기본 목적을 달성하기 어렵다고 보았기 때문이다.

그렇다면 이미 없앤 제도를 왜 다시 꺼낸 걸까? 그때와 달라진 것은 부동산 시장이다. 아파트 미분양이 늘어나면서 부동산 시장이 침체기에 빠지자, 정부가 그 대책으로 아파트 임대사업자 제도를 보완하여 내놓기로 했다. 제도의 전반적인 내용은 이전과 유사하지만 전용면적이 85m² 이하인 아파트도 임대할 수 있게 바뀌었다. 아파트 임대사업자로 등록하고 집을 빌려주면 세금 혜택을 얻는 대신, 임대료를 연 5% 이상 올릴 수 없고 의무 임대 기간을 지켜야 한다. 정부의 정책은 중요하다. 하지만 그 정책이 의도한 대로 효과를 발휘하려면 결국 시장이 반응해야 한다. 시장이 정책에 동의해서 자발적으로 움직인다면 가장 좋겠지만, 경험상 그런 경우는 거의 없다.

집이 없어도 부동산 기사는 봐둬야 한다

부동산 관련 기사를 읽을 때는 차분함과 냉철함을 유지해야 한다. 기사에 나와 있는 대로 쫓아가다 보면 자신과 상관없는 일에 흥분하게 될지도 모른다. 특히 부동산 세금 관련 내용들이 그렇다. 부동산 세금에 영향을 크게 받을 만큼 부동산을 가진 사람보다 부동산을 갖지 못한 사람이 더 많기 때문이다. 부동산이 없더라도 간접적인 영향을 받을 수는 있겠으나 흥분해서 정부의 정책에 불만을 표할 정도는 아니다.

그래도 부동산 뉴스와 기사는 봐야 한다. 집을 가진 사람이라면 누가 시키지 않아도 자연스레 관심이 생길 테고, 집이 없는 사람이라면 세상을 보는 눈을 키우는 데 그만한 것이 없기 때문이다. 정책을 살펴보며 과연 정부가 의도한 대로 집값이 잡히고 거래량이 느는지, 그것이 경기에 어떤 영향을 끼칠지 알아보자. '세금이 얼마나 과한가' 또는 '정부가 가진 자를 겨냥해 괴롭히고 있진 않은가'를 따지는 것보다 훨씬 유익할 것이다.

집이 있든 없든, 부유하든 아니든 부동산에 대한 우리나라 사람들의 관심은 굉장하다. 철이 들기 시작하면 아파트 가격이 눈에 들어오고 집을 살지 말지 고민한다. 그러다 집값이 너무 비싸다는 현실을 깨닫고 부동산 거품과 같은 말에 공감한다. 대부분의 사회초년생들은 지금 받는 월급을 한 푼도 쓰지 않고 고스란히 모은다고 해도 서울에 있는 번듯한 아파트를 갖기가 거의 불가능하다. 젊은 세대만 피해를 보는 것 같다. 반면, 젊은 시절부터 고생한 끝에 어렵게 집 한 채를 갖게 된 나이 든 사람들은 남의 아파트값은 계속 오르는데 내 집값만 잠잠한 것 같아 불만이다. 게다가 정부는 세금을 자꾸만 올린다. 처한 상황은 다르지만 젊은 사람이든 나이 든 사람이든 도달하는 결론은 비슷하다. "이 세상은 잘못되었고, 그걸 해결하지 못하는 정부가 문제다!"

분명한 사실은 서울에 있는 입지 좋은 아파트의 가격은 서민이 사기에 매우 버겁다는 것이다. 부동산 가격이 급변하면 우리나라 경제가 큰 타격을 입는다는 것 또한 부정할 수 없다. 집값은 폭등할 때뿐만 아니라 폭락할 때도 심각한 문제를 야기한다. 사람들이 든든한 자산이라고 믿었던 것이 허무하게 무너지면 국가 경제는 대혼돈에 빠진다. 우리나라 부동산 문제는 집을 가진 사람들만 엮여 있는 것이 아니므로 매우 복잡하다. 부동산 대출이라는 끈으로 금융권이 이어져 있고, 전세금 문제로 무주택자와도 연결되어 있으며, 그 외에 온갖 산업들이 얽혀 있다. 따라서 부동산 시장의 붕괴는 산업 전체의 붕괴를 의미한다. 집값의 급락은 기뻐할 일이 아니라는 소리다. 현재 집값이 비정상적이더라도 이를 하루아침에 끌어내려서는 안 된다. 우리 경제가 감당할 수 있을 만큼 조율해 가며 천천히 정상화시켜야 한다.

한국의 기묘한 부동산 이야기

헌 집 주고 새 집 받자: 아파트 재건축

우리나라에서 재건축·재개발은 항상 뜨거운 주제다. 기본적인 필요와 기대하는 욕망이 뒤섞여 있기 때문이다. 기본적인 필요는 거주 환경의 질과 관련되어 있다. 오래된 시설과 낡은 환경에서 살고 싶은 사람은 없다. 특히나 오래된 아파트는 당장 무너지는 않더라도 주차장 부족, 낡은 배관으로 인한 각종 수도 문제, 단열 문제, 층간 소음 등 불편한 점이 꽤 많이 발생한다. 그러니 재건축되면 거주자의 삶의 질이 전반적으로 올라가게 된다.

하지만 사람들이 재건축과 재개발에 주목하는 더 큰 이유는 기대하는 욕망에 있다. '재건축(재개발)되면 큰돈을 벌 수 있다'는 욕망 말이다. 이를 구체적으로 따지자면 용적률, 대지 지분 등 여러 용어부터 알아야겠지만, 핵심은 '일반 분양'의 수를 얼마나 늘릴 수 있느냐. 일반 분양이란 본래 그곳에서 살던 거주자가 아닌 사람에게 팔 수 있는 세대 수를 뜻한다. 예를 들어, 현재 100세대가 사는 아파트를 딱 100세대짜리로 다시 짓는다면 재건축을 하겠다는 곳이 거의 없을 것이다. 하지만 150세대짜리로 짓는다면 이야기가 달라진다. 추가로 생긴 50채를 팔아서 기존 거주자들이 재건축을 위해 내야 하는 돈을 줄일 수 있다. 이 돈을 '분담금'이라고 부른다. 다시 말해 재건축의 사업성은 분담금 규모와 분양 가격에 달려 있다고 봐도 된다.

정부 입장에서는 재건축·재개발 역시 부동산 시장을 가늠하는 잣대 중 하나다. 재건축·재개발이 쉽게 될수록 부동산 경기가 살아나거나 과열된다. 반대로 재건축·재개발이 어려울수록 부동산 경기가 안정 혹은 침체된다. 재건축·재개발사업은 '은마아파트 재건축', '강동 둔촌주공 재건축', '압구정 현대아파트 재건축'과 같이 특정 대규모 단지의 이름으로 불리는 경우가 많다. 이유는 단순하다. 이 단지들이 과거 대규모 개발을 위해 지어진 것이기 때문이다. 부동산 문제를 해결하기 위해 대규모로 개발한 신도시나 택지 지구들은 재건축 문제가 불거질 때마다 개발된 순서대로 사람들의 입에 오르내린다.

청약 전에 꼼꼼히 확인할 것: 특공

'특공'이란 '특별 공급'의 준말로, 주로 청약 관련 온라인 카페 등에서 자주 사용된다. 청약 단계에서 분양은 일반 공급과 특별 공급으로 나뉘는데, 특별 공급은 전체 분양 물량 중 특정 조건에 해당하는 사람들에게 혜택을 주는 것이다. 신혼부부나 무주택 다자녀가구 등이 특별 공급 대상자에 속한다. 기준이 매우 까다롭지만 특공 대상자로 선정되기만 하면 일반 공급 대상자에 비해 분양 당첨 확률이 매우 높아진다. 그래서 특공을 향한 경쟁은 무척 치열하다.

너무나 많은 사람들이 특공에 몰리면 정부는 자격 기준을 강화한다. 그 과정에서 기준 자체가 비현실적으로 설정되는 일도 발생한다. 예를 들어 신혼부부에게 특별 공급을 한다는 아파트가 분양가는 높은데 대출을 받기는 쉽지 않은 지역(대표적으로 강남 일대)일 경우, 대출을 많이 받지 않아도 될 만큼의 자산이 있는 신혼부부만 신청할 수 있다. 사회적 약자를 배려하기 위한 제도인데 신청 자격을 얻으려면 금수저여야 하니 앞뒤가 맞지 않는다.

시세 차익을 노리는 사람들: 프리미엄

프리미엄 소고기나 프리미엄 우유처럼 '프리미엄'은 더 좋은 것을 가리킬 때 쓰는 단어다. 당연히 프리미엄이 붙은 상품이 더 비싸다. 경제학에서는 액면

가나 계약금 이상으로 얻는 할증금을 의미하고, 아파트 시장에서는 분양가와 판매가의 차이에서 발생하는 이익을 뜻한다. 일반적으로 분양가는 주변시세보다 낮게 책정된다. 분양에 실패한 아파트들을 살펴보면 분양가가 시세보다 너무 높게 정해진 사례가 많다. 정부가 나서서 분양가 상한제를 실시해 분양가를 조절하기도 한다.

분양가가 낮을수록, 주변 시세와 차이가 클수록 그 아파트를 분양받은 사람은 확정적인 수익원을 갖게 된다. 분양 후 아파트값이 주변 시세를 따라가는 것까지 정부가 관리할 수 없기 때문이다. 인기가 많은 아파트 분양 현장에 가면 소위 '떴다방'이라 불리는 부동산 중개업소들이 연락처를 나눠주며 "피P가 1억 붙은 집이에요"라고 말하는 것을 볼 수 있다. 이 말은 '이 아파트의 집값은 분양가보다 1억 원 이상 오를 것이다'라는 뜻이다. 그러니 분양받은 다음 바로 팔아 프리미엄만 챙기고 싶은 사람은 연락을 달라는 것이다. 분양 후 잔금을 치르지 않고 중간에 다른 사람에게 분양권을 넘기는 것을 '분양권 전매'라고 한다. 지금은 규제가 강화되어 분양권 전매가 쉽지 않으나 업자들은 여전히 불법과 편법을 넘나들고 있다. 반대로, 분양 후 아파트값이 분양가보다 떨어지기도 한다. 이때 차이 나는 금액을 마이너스 프리미엄, 줄여서 '마이너스 피'라고 부른다.

5

현실 속 던전, 주식시장

핵심 개념

주식

주식회사를 이루는 단위로, 돈을 내고 주식을 사면 그 회사의 주주가 된다. 주주는 원하는 만큼 돈을 투자해 주식을 사고, 회사는 각 주주들이 투자한 금액에 비례한 책임과 권리, 수익을 나눠준다. 일반적으로 주식 투자는 주식이 쌀 때 사서 비쌀 때 팔아 시세 차익을 얻는 방식으로 이뤄진다.

시가총액

주식시장 안에서 움직이는 모든 주식의 가치를 합한 것으로, 해당 주식시장 내의 주식 수에 시장가격을 곱해 계산한다. 주식의 수와 가격은 매일 변하기 때문에 시가총액도 날마다 달라진다.

주가지수

주식시장의 상황, 즉 시황을 파악하기 위한 지표다. 특정 시점을 기준 삼아 비교 시점의 주가지수를 환산하는데, 주가지수별로 계산법이 다르다. 대표적인 주가지수로는 우리나라의 코스피지수, 미국의 다우지수, 일본의 닛케이지수 등이 있다.

주식 투자 참여자

주식시장에 참여하는 주체는 크게 외인, 기관, 일반 개인투자자로 나뉜다. 외인과 기관은 각종 자료와 수단을 동원해 적극적으로 시장에 참여하는 전문가 집단이고, 개인투자자는 전문성은 떨어지지만 숫자가 많아 '개미'라고 불린다.

주식으로 돈을 버는
두 가지 방법

주식은 회사의 주인이 가지는 증서이며, 주식을 가진 사람을 주주라고 부른다. 여러분도 어떤 회사의 주인이 될 수 있다. 그 회사의 주식이 지니는 가치에 맞게 합당한 돈을 지불하면 된다. 그러면 주식회사는 각 주주들이 회사에 투자한 돈의 액수에 비례한 책임과 권리, 수익을 나눠준다. 이것이 '주식 투자'의 기본 원리다.

그렇다면 주식 투자로 돈을 벌려면 어떻게 해야 할까? 방법은 두 가지다. 하나는 '배당금'을 받는 것이다. 이익을 낼 것 같은 회사에 투자하고 회사가 수익을 얻으면 주주들은 배당금을 지급받는

주식 투자로 수익을 얻는 두 가지 방법

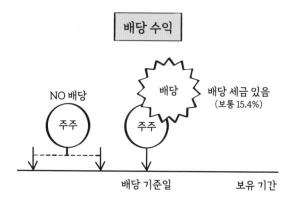

배당 수익

NO 배당

주주

배당

주주

배당 세금 있음
(보통 15.4%)

배당 기준일   보유 기간

※ 배당을 받으려면 '배당 기준일'에 주식을 가지고 있어야 함

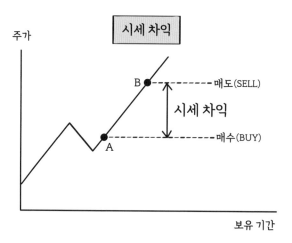

시세 차익

주가

B ----- 매도(SELL)

시세 차익

A ----- 매수(BUY)

보유 기간

※ 쌀 때(A) 사서 비쌀 때(B) 팔아 수익을 챙김

다. 주식을 많이 가지고 있을수록 더 많은 배당금이 지급된다. 주주로서 회사를 믿고 투자한 대가로 이익을 가져가는 것으로, 본래 주식의 의미에 더 부합하는 방법이다. 회사에 따라 배당을 적게 주거나 주지 않는 곳도 있다. 이익이 나지 않아 배당을 하지 못하는 경우도 있지만, 배당을 하기보다는 '이익잉여금'이란 항목으로 회사에 쌓아두는 경우가 많다. 회사의 기초 체력을 키워 미래를 준비하는 데 사용하겠다는 의미로 보면 된다. 그래서 실제 주식 투자 현장에서는 배당을 많이 주는 회사들의 주식을 '배당주'라고 따로 구분해 표현한다.

다른 하나는 주가(주식의 가격) 변동에 따른 시세 차익을 얻는 방법이다. 주가가 쌀 때 사서 비싸지면 팔아 돈을 번다. 일반적으로 '주식 투자를 한다'고 할 때는 배당금을 받는 것보다 시세 차익을 얻는 것을 의미한다.

시작하기 쉽다고 돈 벌기도 쉬운 것은 아니다

사람들은 왜 주식 투자를 할까? 우선, 능력에 따라 엄청난 수익을 낼 수 있기 때문이다. 실제로 시세를 잘 분석했든, 누가 종목을 찍어줘 생각 없이 샀든, 작전주(이건 불법이다)든, 아무것도 모른 채 무작정 샀든 결과만 좋으면 거액의 차익을 얻을 수 있다. 금리가 낮아 예금으로는 연간 수익률 10%를 올릴 수 없는 때라도 주식으로는 200%, 300%의 수익률도 가능하다.

두 번째 이유는 짧은 기간에 수익을 얻을 확률이 높다는 것이다. 주식 투자에 열중하는 사람들이 고사양 PC에 여러 대의 모니터를 동원하는 건 가장 적절한 타이밍에 '치고 빠지기' 위해서다. 예금은 적어도 1년 이상 은행에 돈을 묶어둬야 하지만 주식은 하루에도 수십, 수백 차례 사고팔 수 있다. 부동산도 수익률이 높은 투자 상품이긴 하나 주식에 비하면 매매하는 데 시간이 오래 걸린다.

세 번째 이유는 세금이다. 예금으로 이자를 받을 때는 보통 15.4%의 소득세를 납부해야 한다. 그런데 주식 거래를 할 때는 매우 낮은 수준의 거래세만 내면 된다. 그것도 주식을 파는 사람만 낸다. 세금 외에 거래에 따른 수수료가 발생할 수는 있지만, 이를 감안하더라도(동일한 수익률을 낸 상황에서는) 예금보다 주식 투자로 가져갈 수 있는 돈이 더 많다. 부동산 관련 세금은 계속해서 강화되는 추세다. 이와 달리 주식 관련 세금은 아직 큰 변화가 없다. 그래서 많은 사람들이 주식 투자에 매력을 느낀다.

세상에 장점만 있는 것은 없다. 주식으로 엄청난 수익을 얻을 수 있는 만큼 엄청난 손실이 발생하기도 한다. 그것도 아주 짧은 시간에 말이다. 세금이 적다고 쉽게 사고팔며 일상을 바쳤다가는 시간과 건강을 갉아먹을 수도 있다. 세금과 비용이 적어도 이득 없이 거래만 반복하면 잔고가 바닥나기 마련이다. 전업 투자를 하면 돈을 벌 수 있지 않을까? 이런 생각이 들 때는 주변을 둘러보자. 주변에 성공한 전업 투자가가 얼마나 있는가? 생각보다 많지 않을 것이다. 그만큼 주식 투자는 만만치 않다.

서점에 가면 성공적인 주식 투자 방법을 알려준다는 신간들이 즐비하다. TV만 틀면 경제 프로그램에서 각종 종목들을 분석해 준다. 이렇게 주식 관련 정보들을 흔하게 접할 수 있는 것은 주식 투자의 진입 장벽이 낮기 때문이다. 그러나 주식 투자를 쉽게 봐서는 절대 안 된다. '주식으로 1억 원을 벌려면 2억 원으로 시작하면 된다'라는 농담이 괜히 나온 것이 아니다.

주식과 함께 묶여 언급되는 투자 상품으로는 채권, 펀드, 선물, 옵션 등이 있다. 이 책은 재테크 책이 아니므로 가장 대표적인 투자상품인 주식에 중점을 두고 소개할 생각이다.

시황은 긴 호흡으로 관찰하자

주식시장에서 돌고 있는 돈(자금)은 정말 어마어마한 규모다. 그렇다 보니 시세가 조금만 움직여도 어마어마한 이익과 손실이 발생한다. 주식시장에서 움직이는 돈을 모두 합쳐 '시가총액'이라고 한다. 시가총액은 '주식 수×시장가격'인데, 주식의 수와 가격은 매일 바뀌기 때문에 시가총액 역시 날마다 다르다. 2022년 말 코스피 기준 시가총액은 약 1,800조 원에 달한다. 가늠하기조차 어려운 금액이다. 단위가 크니 주가 변동이 경제에 미치는 영향도 클 수밖에 없다. 주가가 1%만 움직여도 18조 원의 돈이 오간다.

그래서 주식시장의 상황, 줄여서 '시황'은 언제나 뜨거운 이슈다. 경제 뉴스만 봐도 관련 기사들이 매일같이 쏟아져 나온다. 주식을 가지지 않은 사람은 주식시장의 흐름이 어떻든 나와는 상관없다고 생각할 수도 있다. 과연 그럴까? 물론, 당장 삶에 직접적인 영향을 미치지 않을 수는 있다. 하지만 경제는 서로 연결되어 있기 때문에 남의 돈이 움직이면 결국 내 돈도 움직이게 된다. 그러므로 내 손에 주식이 쥐어져 있지 않더라도 주식 관련 기사는 늘 눈여겨보는 것이 현명하다.

시장이 활기를 띠는 상태를 '활황'이라고 부른다. 주식시장의 활황은 경제 전반에 어떤 영향을 미칠까? 주가의 상승은 기업들이 좋은 성과를 올릴 것으로 예상된다는 뜻이다. 기업들이 돈을 많이 벌면 경제가 활성화되고 개인의 소득도 늘어난다. 반대로 주가가 폭락했다면 경기가 나빠지는 것으로 해석할 수 있다.

여기서 주의해야 할 점은 주가의 변동 추이와 경기 흐름이 항상 일치하지는 않는다는 것이다. 주식시장은 실물 경기뿐만 아니라 투자자들의 심리를 따라 움직이기도 하기 때문이다. 사람들은 오를 것 같은 것에 투자한다. 이미 오른 것에는 투자하지 않는다. 오른 것에 투자하는 경우를 '상투 잡는다'라고 표현하는데, 이는 주가가 최고점에 다다라 내려갈 일만 남았음을 의미한다. 그래서 주로 개미(개인투자자)들이 상투를 잡는다. 또, 주식시장은 매일 변하지만 실물 경기는 전쟁과 같은 특수한 상황이 아니면 급변하지 않는다.

그래서 단기 투자자에게는 그날그날의 주가 변동이 중요하고, 경제 전반을 살피려는 사람에게는 중장기적 흐름이 더 중요하다. 현재 주식을 가지고 있지 않다면 주가를 민감하게 따지기보다는 흐름에 주목해야 한다. 주식시장은 엄청난 내공을 지닌 뛰어난 전문가들이 화려한 기법을 동원해서 활동하는 정글이다. 개미들은 절대 시장을 움직일 수 없다. 주식시장을 흔드는 것은 큰 규모의 자금을 다루는 덩치 큰 기관투자자나 외국인 투자자다. 개미들은 그저 그 흐름에 편승해서 소소한 수익을 거둬갈 뿐이다.

퍼렇게 질렸다가 벌겋게 달아올랐다가, 요동치는 주식시장

시장에서 가격은 수요와 공급에 따라 바뀌는데 주식시장에서는 공급이 거의 한정되어 있다. 어떤 회사가 새롭게 상장되거나 상장 폐지되는 등 공급에 변화가 생길 때도 있지만 대체로 수요에 따라 움직이는 시장이라고 봐도 큰 문제가 없다.

그러므로 어떤 주식의 가격이 오르려면 그 주식을 사려는 사람이 늘어나면 된다. 실전에서는 이를 '매수가 늘어난다'고 말한다. 주가의 상승은 빨간색으로 표시한다. 주식시황표에 빨간색이 많이 보이면 주식시장이 활황이라고 분석할 수 있다. 이는 곧 많은 사람들이 경기가 좋아질 것으로 전망한다는 의미다. 반대로 경기가 나빠질 것으로 예상되면 사람들이 주식을 팔기 시작한다. 주식을 파는 것은 '매도'라고 하는데, 매도가 많아지면 수요가 줄어들고 주가가 떨어진다. 주가의 하락은 파란색으로 표시한다. 이제 여러분은 주식시황표의 색깔만 봐도 시황을 짐작할 수 있다.

매수의 증가는 사람들이 '이 기업의 수익이 좋아질 것이다'라고 예상한다는 뜻이다. 이 예측은 여러 객관적 데이터에 기반한 것일 수도 있고, 개인의 느낌에 따른 것일 수도 있다. 어쨌든 미래에 주

주가 결정의 기본 원리

가가 오를 것이라 예상했으니 현재 가격은 싸다고 여길 수밖에 없다. 지금은 이 주식을 사도 손해를 보지 않을 것이라 믿기 때문에 수요가 늘어나고 주가가 오른다.

주가는 계속해서 오르기만 하거나 내리기만 하지 않는다. 시간이 흘러 사람들의 예상이 맞으면 오르던 주가가 적당한 수준에서 멈춘다. 사람들의 예상이 틀렸다면 주가는 예상보다 떨어지거나 떨어졌다가 다시 오른다. 이런 과정을 뉴스나 기사에서는 '조정'이라 표현한다.

하지만 주가가 하락했다고 해서 반드시 매도가 매수보다 많은 것은 아니다. 일반적이지는 않으나 어디든 예외는 있는 법이다. 예를 들어보자. 어떤 주식의 가격이 100원일 때 10명의 투자자가 그 주식을 110원에 샀다면 주가는 110원으로 오른다. 그런데 장이 끝나기 바로 직전에 한 사람이 그 주식을 90원에 팔면 그날 그 주식의 가격은 90원으로 장이 마무리된다. 이런 경우도 있기 때문에 주식시황표에 파란색으로 떴다고 해서 무조건 매도가 많았다거나 주가가 떨어진 것으로 볼 수 없다. 주식시장을 판단할 때는 하루의 지표만 봐서는 안 된다는 것을 잊지 말자. 시황을 통해 경기의 흐름을 읽으려면 시간을 두고 차분히 지켜봐야 한다. 자, 그럼 지금부터 시황을 읽기 위해 알아야 하는 기본 용어와 개념들을 몇 가지 더 알아보자.

날씨를 가늠하게 도와주는 구름: 코스피

코스피KOSPI는 'Korea Composite Stock Price Index'의 약자로, 우리나라의 종합주가지수를 말한다. 1980년 1월 4일의 시가총액을 기준 삼아 100으로 놓고, 비교 시점의 지수를 환산한 지표다.

코스피 = (비교 시점의 시가총액 ÷ 기준 시점의 시가총액) × 100

코스피를 보면 대략적인 경제 상황을 예측할 수 있다. 간단히 말하자면 코스피가 올라가면 주식시장이 좋은 것이고, 떨어지면 주식시장이 안 좋은 것이다. 코스피의 환산 근거는 시가총액이다. 시가총액은 주식의 수가 증가해서 늘어날 때도 있고, 주식의 가격이 올라서 늘어날 때도 있다. 어쨌든 시가총액이 늘어났다는 것은 주식시장의 가치가 올랐음을 뜻한다. 주식시장의 가치가 올랐다는 것은 곧 '기업의 가치'가 올랐다는 의미로 해석할 수도 있다. 기업의 가치가 오르는 경우는 기업의 수익(현재의 수익 또는 미래의 수익)이 좋을 때라고 봐도 좋다. 그래서 코스피가 오르면 경기가 활성화된 것으로 볼 수 있다. 반대로 코스피가 내려가면 경기가 나빠지는 중이라고 해석이 가능하다.

그렇다고 해서 코스피의 상승을 무조건 경기의 활성화로 분석해서는 안 된다. 전체 시장과는 무관하게 특정 업체의 주가에 따라 코스피가 변동되기도 하기 때문이다. 예를 들어 삼성전자처럼 덩치가 아주 큰 종목의 주가가 떨어지면 다른 종목의 주가가 오르더라도 코스피지수는 하락할 수 있다. 그러므로 코스피 추이를 보고 경제 상황을 전망할 때는 단순히 지수 자체만 보고 속단하기보다는 시장 안팎에 변수가 있는지 찬찬히 따져봐야 한다.

코스피는 날씨로 치면 구름과 같다. 하늘에 구름이 많으면 '비가 오려나?' 하는 생각이 들기 마련이다. 그런데 서울 하늘에 구름이 많이 꼈더라도 부산 하늘에는 해가 쨍쨍할 수도 있다. 눈앞의 수치가 절대적인 기준은 아니라는 말이다. 지금 여러분은 코스피가 날씨를 가늠하는 구름 정도의 역할을 한다는 것만 알면 충분하다. 코스피의 대략적인 수치도 기억해두자. 2022년 12월 기준 코스피지수는 52주 사이에 최고 3,000에서 최저 2,100 사이를 넘나들 정도로 그 변동폭이 크다. 주식시장의 상황이 매우 안 좋으면 '코스피 2,000 선이 무너졌다'는 이야기가 들려올 것이고, 주식시장이 호황기라면 '코스피 3,000 선 돌파'라는 소식을 접하게 될 것이다.

　　　　　　　　　　　　　　　　　　　　세상 친절한 경제상식

프로야구로 치면 2군 리그: 코스닥

'Korea Securities Dealers Automated Quotation'의 머리글자를 따서 이름 붙인 코스닥KOSDAQ은 우리나라의 장외 주식거래 시장이다. 미국의 나스닥NASDAQ을 본떠 만든 것으로, 아직 코스피에 상장되지 않은 기업들을 위한 시장이다. 주로 중소기업이나 벤처기업들이 이 시장에서 활동한다.

코스피와 코스닥의 관계는 프로야구의 1군 리그와 2군 리그에 빗대어보면 이해가 쉽다. 코스닥은 비록 코스피에 포함될 만큼 시장에서 인정받지는 못했으나 언제든 1군으로 올라설 수 있는 성장 가능성이 충분한 '보석' 같은 기업들이 득실거리는 시장이다. 물론, 보석처럼 보이지만 알고 보면 '깡통'인 기업들도 넘쳐난다. 그래서 코스피에 비해 잘 알려지지 않은 기업들이 많고, 수익과 손해의 폭이 크다. 코스닥은 2군이므로 크게 출렁거려도 경제에 미치는 영향력이 코스피보다 작다.

던전을 탐험하는 모험가들: 외인, 기관, 개미

마지막으로 주식시장에 참여하는 주체들을 소개하려 한다. 주식시장도 엄연한 시장이므로 '큰손'들이 있다. 거액의 자금을 굴리는 큰손들은 한 번에 아주 많은 물량을 구매한다. 실물시장(실제 상품이나 주식을 거래하는 시장)은 보통 도매와 소매로 구분하는데, 큰손들은 도매업자에 해당된다. 일반인들은 소량으로 물건을 사고파는 소매업자다. 실물시장에서는 도매업자들을 위한 가격이 따로 책정된다. 대량의 물건을 유통하기 때문에 물량의 단위가 크고 가격이 저렴하다.

하지만 주식시장은 다르다. 도매업자라고 해서 싼 가격에 물건을 사들일 수 없다. 대신 시장가격 자체를 움직이는 힘을 가진다. 주식시장의 큰손은 크게 외인과 기관으로 나뉜다. 외인은 외국인 투자자를 가리키며, 헤지펀드나 외국계 금융기관이 외인에 포함된다. 대표적인 기관투자자로는 국민연금이 있다. 은행이나 증권사, 사모펀드 등 개인이 아닌 국내 금융기관들을 통틀어 기관투자자라고 부른다. 그 밖에 여러분이나 나와 같은 소매업자, 즉 개인투자자들은 그 숫자는 엄청 많지만 힘이 약해 '개미'라고 불린다. 가끔 뉴스를 보면 '검은 머리 외국인'이란 표현이 나온다. 한국인이지만 법적으로 또는 업무적으로 외국인의 입장에 서 있는 사람들을 말한다.

코스피, 외인·기관 매수에 1%대 반등…2,399 선《파이낸셜뉴스》, 2022.12.14.)

이제 이 기사 제목을 이해하기가 쉬워졌다. 외국인 투자자와 기관투자자들이 매수에 나서면서 수요가 늘어 코스피가 상승했다는 내용이다. 코스피가 하락한 경우에는 '개미의 눈물'이라는 상투적인 문구가 들어간 헤드라인을 종종 보게 된다.

모바일 게임에서 캐릭터의 레벨을 떠올리면 외인과 기관, 개미들이 지닌 힘의 차이를 이해할 수 있다. 외인과 기관은 최고 등급의 파티party를 구성한 클랜clan이다. 최고 수준의 검사, 마법사, 치료사 등이 모여 던전(주식시장)에서 보스(수익률이 높은 종목)를 사냥한다. 수차례의 강화를 거친 막강한 무기와 방어 도구를 온몸에 두른 전문가들이다. 이들은 보스를 제압하고 대단한 아이템(이익)을 얻어간다. 반면 개미는 갓 게임을 시작해 단검 하나를 손에 든 채 용감히 던전을 누비는, 이른바 '쪼렙'들이다. 아주 가끔 최고 레벨에 준하는 개미들도 나타난다. 이들을 '슈퍼 개미'라고 부른다.

2020년에는 국내 주식에 투자하는 개미들을 조선 말 외세에 대항하여 일어난 동학농민운동에 빗댄 '동학개미'라는 신조어가 등장했다. 앞서 말한 것처럼 그간 개미들은 외국인 및 기관투자자에 의해 항상 피해를 봐왔는데, 2020년에는 외국인 투자자들이 매도한 것보다 더 많은 물량을 사들이면서 주가를 지지하고 더 나아가 상승시켰다.

이왕 볼 거면 시야를 넓혀
세계시장까지 노리자

주가지수가 오르면 상승, 내리면 하락, 등락이 적거나 없으면 보합이라고 표현한다. 본격적인 주식 투자에 나설 계획이라면 더 깊이 알아야겠지만 그렇지 않다면 이 정도만 알아도 뉴스를 보면서 흐름을 파악하기에 큰 무리가 없다.

美 증시 폭락에 서학개미 '비명'…코스피도 더 빠진다《머니투데이》, 2022.05.12.)

이 헤드라인을 함께 살펴보자. 미국 증시가 폭락해 직접적으로는 '서학개미'들이 타격을 입고, 우리나라 코스피에도 간접적인 영향을 미친다는 내용이다. 미국 증시는 단순히 한 나라의 시장이 아닌 전 세계를 대표하는 상징성을 가진다. 우리나라 주식에 투자하는 동학개미의 반대되는 의미로서 외국(특히 미국) 주식에 투자하는 개미들을 '서학개미'라고 부른다. 미국 증시가 폭락했으니 그곳에 투자한 서학개미들이 직접적인 피해를 본 것은 당연하다. 우리가 주목해야 하는 것은 '코스피도 빠진다'다. 미국 증시의 변동이 우리 증시에 어떻게 영향을 끼치는지, 두 시장이 어떻게 맞물려 움직이는지 알아보자.

미국을 중심으로 돌아가는 국제 주식시장의 톱니바퀴

더 이상 우리 경제와 국제경제를 떼어놓고 볼 수 없다는 것은 이미 잘 알려진 사실이다. 주식시장에서는 이 점이 더욱 두드러진다. 국내 시황의 변화만 봐도 그렇다. 국내 사정만 살펴서는 설명되지 않는 변화들이 많이 일어난다. 그럴 때는 외국으로 시선을 돌려 답을 찾아야 한다.

우리나라에 영향을 주는 대표적인 외국시장은 당연히 뉴욕 증시다. 국제경제의 중심인 미국이 주식시장이라고 빠질 리 없다. 뉴욕 증시가 흔들리면 도쿄 증시가 흔들리고, 상하이 증시도 흔들린다. 거꾸로 뉴욕 증시가 다른 나라의 변동에 영향을 받아 움직이기도 한다. 2022년 2월에 시작된 러시아-우크라이나 전쟁을 떠올리면 이해가 쉬울 것이다. 우리 주식시장에 지진이 일어났을 때(혹은 일어날 징조가 보일 때)는 진원지가 국내인지 국외인지부터 파악해야 적절한 대책을 마련할 수 있다. 안타깝게도 국제 증시가 들썩이는 경우에는 최대한 피해를 줄이는 것밖에 방법이 없다.

실물경제의 변화가 가장 먼저 반영되는 곳이 바로 주식시장이다. '○○기업의 실적이 좋다'는 기사가 나오면 대체로 주가가 오르는 것이 아니라 떨어진다. 주식시장에는 기사가 나오기 전에 '선반영'되기 때문이다. 실적이 좋을 것이란 가능성이 포착된 순간 주가가 오르기 시작한다. '누가 얼마나 빠르고 정확하게 그 가능성을 포착했는가'가 투자의 성패를 가른다. 결과가 나왔을 때는 이미 늦기 때문에, 주가는 아주 작은 가능성에도 춤을 춘다. 실적이 확정된 후에는 조정만 남는다.

미국 실물경제의 변화 조짐 ⇨ 미국 주식시장의 변화

⇨ 한국 주식시장의 변화 ⇨ 한국 실물경제의 변화 가능성

⇨ 가능성이 현실이 되면 한국 기업 및 가계에 영향

세상 친절한 경제상식

여기서 다시 국제시장으로 눈을 돌려보자. 거듭 강조하지만 전세계 실물경제의 중심은 미국이다. 미국의 실물경제에 변화가 생기면 (혹은 생길 것 같으면) 미국의 주식시장이 가장 먼저 영향을 받는다. 미국 주식시장의 움직임은 우리나라 주식시장에 영향을 준다. 그러면 시간은 조금 걸리겠지만 결국 우리나라 실물경제가 흔들린다. 그 변화에 직접적으로 관련이 되어 있든 되어 있지 않든 결국에는 모든 사람들이 영향을 받는다. 미리 뉴스를 보고 상황을 주시하던 사람이 아니라면 돌연 몰아치는 파도에 이리저리 휘둘리게 된다. 국내 뉴스만 볼 것이 아니라 외국 뉴스까지 훑어야 하는 이유다. 경제를 제대로 읽으려면 시야를 넓혀야 한다.

세계의 수도 이름만 외우지 말고 세계의 주가지수도 챙기자

우리나라에 코스피가 있듯, 세계 각국은 저마다 다른 주가지수를 가지고 있다. 일본 경제에 관심이 있는 사람은 '닛케이지수'라는 말을 들어본 적이 있을 것이다. 《일본경제신문日本經濟新聞》에서 발표하는 일본의 주가지수다. 《일본경제신문》을 줄여서 '일경'이라고 부르는데, 일본에서는 이를 '닛케이'라고 발음한다.

현재 중국 증시를 볼 때는 '상하이종합지수'를 주로 확인하고, '선전성분지수'도 중요하게 본다. 지금에 비해 중국 시장이 덜 개방

되어 있던 시기에는 홍콩 시장으로 중국의 주식시장을 가늠했다. 그때 사용되었던 홍콩의 주요 주가지수는 '항셍지수'다. 항셍지수는 홍콩 최대 은행인 홍콩상하이은행HSBC의 자회사 항셍은행恒生銀行에서 발표한다.

미국을 대표하는 주가지수로는 보통 세 가지를 꼽는다. 그중에서도 가장 중요시되는 것은 '다우지수'다. 미국의 다우존스Dow Jones사가 뉴욕증권거래소에 상장된 우량 기업 30곳을 선발해 이를 표본 삼아 산출한다. 다우존스지수, 다우존스 산업평균지수, DJIADow Jones Industrial Average라고도 부른다. 두 번째는 S&P500지수로, 미국의 국제 신용 기관 중 하나인 스탠다드 앤드 푸어스Standard and Poors사에서 발표한다. 500개의 종목을 토대로 하기 때문에 이런 이름이 붙었다. 마지막 세 번째는 나스닥지수다. 코스닥의 모델이 되기도 한 나스닥에는 인터넷, 첨단 기술 관련 업종들이 소속되어 있다. 우리도 익히 아는 구글, 애플, 아마존 등이 나스닥에 포함된다. 코스닥이 국내 시장에서 행사하는 영향력이 작은 것과는 달리, 나스닥은 미국 경제와 국제경제에 엄청난 힘을 발휘한다.

유럽은 유럽연합EU로 묶여 있으니 주가지수도 하나로 통일되어 있을 것 같지만 그렇지 않다. 유럽에도 나라별 주가지수가 있는데, 이를 들어본 사람은 많지 않을 것이다. 그렇다 해도 좌절할 필요는 없다. 신문이나 뉴스에는 우리나라와 경제적 밀접도가 큰 나라들의 지수가 주로 등장하기 때문이다. 미국이나 일본, 중국에 비해 한국 경제에 미치는 영향력이 적은 유럽의 지수는 몇 가지만 가볍게 알아두자. 유럽의 대표적인 주가지수로는 영국의 'FTSE100지수', 독일의 'DAX30지수', 프랑스의 'CAC40지수' 등이 있다.

종합주가지수가 전국 날씨라면 업종은 지역 날씨

주가지수를 대략적으로 알아봤으니 이번엔 '업종'을 알아볼 차례다. 주가지수가 전국 날씨라면 업종은 지역 날씨다. 우리나라로 치면 '도' 단위 정도의 날씨라고 보면 되겠다. 업종 중에서도 우리 경제에 많은 영향을 주는 부분을 '주요 업종'이라고 부른다. 다양한 업종들을 자세히 안다면 좋겠으나 평범한 사람은 큰 틀만 머릿속에 잡아두는 것으로 충분하다.

우리나라는 수출주도형 국가다. 그렇다면 우리 경제에 큰 영향을 미치는 업종은 수출을 많이 하는 업종이다. 통계청 자료를 뒤져보는 편이 정확하겠지만, 그냥 우리가 아는 상식선에서 몇 가지 업종을 골라보자. 가장 먼저 떠오르는 것은 역시 우리나라 최고의 수출 품목인 반도체다. 그다음으로는 석유화학제품, 자동차, 조선, 스마트폰, 디스플레이, 철강 등이 있다. 관세청이 발표한 자료에 따르면, 최근 수년간 전체 수출 물량의 약 60%를 상위 10개 수출 품목들이 차지했다고 한다. 이런 품목별로 관련 기업들을 묶으면 그것이 곧 '업종'이며, 각 업종에 속한 개별 기업들이 주식시장의 종목이다.

주요 업종들을 좀 더 들여다보자. 반도체를 수출하는 대표적인 회사로는 삼성전자와 SK하이닉스가 있다. 자동차(완성된 자동차)를 수출하는 회사는 현대기아자동차, GM, 르노삼성, 쌍용 등이 있다. 석유화학 업종에서는 LG화학, 롯데케미칼, GS칼텍스 등이 두드러진다. 지금 언급한 기업들 중 한 번도 이름을 들어보지 못한 곳이 있는가? 웬만하면 전부 들어봤을 것이다. 경제 기사에 이 기업들이 자주 거론되는 이유는 그저 '대기업'이라서가 아니다. 우리나라 경제의 중심에는 수출이 있으므로, 수출에서 중요한 업종들이 경제 기사에 수시로 나올 수밖에 없다. 그러니 각 업종의 핵심 회사 이름이 더 많이 들린다. 삼성전자가 경제 뉴스에 자주 등장하는 것은 삼성이 재벌이라서나 삼성 오너 일가가 셀러브리티라서가 아니라 그만큼 삼성전자가 한국 경제에 미치는 영향력이 대단하기 때문이다.

업종은 단위별 경기를 판단하는 데 도움이 된다. 이를 계절에 비유해보자. 겨울에는 전국이 춥지만 대관령의 겨울과 제주도의 겨울은 완전히 다르다. 그래서 사람들은 살고 있는 지역에 따라 다른 방식으로 겨울맞이 준비를 한다. 주식시장도 마찬가지다. 똑같은 경기 침체 상황에 놓이더라도 업종에 따라 그 체감 수준이 다르다. 이런 현실을 반영해 최근에는 상장지수펀드Exchange Traded Fund, ETF라는 상품도 등장했다. 개별 종목이 아닌 업종에 투자하는 상품이다.

업종은 경제 뉴스에서 자주 소개된다. 수출 실적을 설명하거나 장기적으로 경제를 전망하는 기사에서는 주요 업종을 중심으로 보도한다. 그다음으로 많이 다뤄지는 업종은 신규 업종이나 성장 가능성이 높은 업종이다. 미세먼지 문제를 예로 들어보자. 정부에서는 미세먼지를 줄이기 위해 경유차를 줄이고 수소차나 전기차를 늘리겠다고 발표했다. 이때 주식 관련 뉴스에는 어떤 업종들이 등장할까? 당연히 수소차 또는 전기차 관련 업종이다. 수소차나 전기차를 생산하는 회사, 수소차나 전기차에 들어가는 부품을 만드는 회사 등이 오르내렸다. 이외에 마스크와 공기청정기를 만드는 회사들도 종종 나왔다. 이런 회사들을 묶어 '미세먼지 관련 업종'이라 부를 수도 있겠다.

정부에서 정책적으로 밀어주는 업종들도 뉴스에서 자주 거론된다. 정부가 4차 산업혁명에 대비해 의료 분야를 집중적으로 육성하겠다고 나서면 경제 기사들은 의료와 연관 있는 각종 업종들을 설명할 것이다. 또, 정부가 건설 경기를 부양하겠다고 발표하면 건설업종 및 건설사들이 '수혜주'라는 이름을 달고 뉴스에 등장한다.

'사활 건 글로벌 전쟁'…격동하는 반도체, 위기의 한국(《국민일보》, 2022.12.14.)

전기차 수요 꺾이나…차갑게 식은 2차전지주(《서울경제》, 2022.12.09.)

경제에 관심을 가지기로 마음먹었다면, 적어도 '반도체'가 우리나라 경제에서 매우 중요하다는 사실은 알고 있어야 한다. 수치로 설명하지는 못하더라도 말이다. 반도체 산업이 격동하면 우리나라 경제 역시 크게 흔들린다. 첫 번째 기사에서는 그 격동이 좋지 않은 방향으로 일어나 '위기의 한국'이라고 표현했다. 흥미로운 것은 격동의 이유가 '사활 건 글로벌 전쟁'이라는 것이다. 현재는 물론, 앞으로도 세계경제의 핵심이 될 반도체를 두고 글로벌 시장의 '괴수'인 미국과 중국 사이에 다툼이 벌어졌다. 반도체 산업에서 미국은 중국을 배제하려고 하고, 중국은 자립하려고 한다. 이 가운데 한국은 양국으로부터 '내 편이 되라'는 무언의 압박을 받는 중이다. 우리 입장에서야 미국과 중국 모두와 거래하는 것이 가장 좋다. 둘 중 어느 한 나라와 더 친해져서 다른 나라와 멀어지는 건 우리에게 좋을 것이 없다. 때문에 기사에서는 반도체 산업을 '국가 안보의 문제'로까지 한껏 끌어올려 다루었다.

두 번째 기사는 2차전지에 관한 것이다. 2차전지란 한 번 쓰고 버리는 게 아니라 충전해서 여러 번 사용할 수 있는 전지battery를 말한다. 2차전지 산업을 이해하려면 주요 변수 두 가지를 알아야 한다. 첫 번째는 '친환경'이라는 전 세계적인 흐름이다. 최근 이와 관련된 용어들이 다양하게 언급되고 있다. 대표적인 예로 자연을 해치지 않으면서 고갈되지 않거나 스스로 재생되는 '재생에너지', 이산화탄소를 더 이상 배출하지 않겠다는 '탄소 중립', 환경을 고려한 경영을 뜻하는 'ESG' 등이 있다. 두 번째 변수는 화석연료를 사용해 환경오염을 일으키는 내연기관 자동차를 전기 자동차로 대체하겠다는 자동차 산업의 움직임이다. 2차전지 시장은 전기차의 수요와 밀접할 수밖에 없다. 이를 알고 나면 자연스럽게 전기차를 생산하는 회사들은 어디인지, 왜 전기차 수요가 줄어드는지 등이 궁금해진다. 이렇게 경제 기사를 보며 꼬리에 꼬리를 물고 이어지는 궁금증에 답을 찾다 보면 세상을 읽는 힘이 자연스레 길러질 것이다.

업종이 지역 날씨라면 종목은 우리 동네 날씨

전체 주식시장 시황이 전국 날씨이고 업종별 시황이 도나 시 단위의 지역 날씨라면 종목별 시황은 우리 동네의 날씨다. 종목은 '개별 회사'라고 이해하면 가장 쉽다. 주식시장에 상장된 종목들에는 각각 '종목 코드'라는 숫자가 부여된다. 같은 회사라도 주식의 종류에 따라 다른 종목 코드를 부여받기도 해서 주식시장에 상장된 개별 회사의 수와 종목의 수가 정확히 일치하지는 않는다. 2022년 말 기준 상장된(사고팔 수 있는) 종목 수는 코스피 약 900개, 코스닥 약 1,500개 정도다.

쉽게 접할 수 있는 종목 관련 뉴스에서는 주로 대기업을 다룬다. 우리 경제에 미치는 영향력이 큰 데다가 사람들의 관심이 집중된 종목이기 때문이다. 따라서 대기업이 아닌 종목의 정보를 얻으려면 일반 경제 기사보다는 종목별 기사나 주식 관련 커뮤니티와 같은 다른 수단을 활용해야 한다.

삼성전자 "내년 더 어렵다"…메모리 침체에 파운드리·3나노로 승부수《서울경제》, 2022.12.14.)

개미들은 어쨌든 삼성전자…올해 주주 100만 명 늘어《조선일보》, 2022.12.05)

예시의 기사 제목들에는 우리나라 경제를 대표하는 기업의 종목 및 계열사가 등장한다. 우리나라 경제 중 대기업과 관련된 모든 요소가 들어 있다고 봐도 과언이 아니다. 우선 최고 수출 품목인 반도체와 해당 분야의 선두 주자 삼성전자의 오너 이재용이 등장한다.

심층적인 내용을 알아보기에 앞서 표면적인 내용부터 파악하기 위해 제목에 쓰인 용어의 뜻부터 하나씩 파헤쳐보자. 반도체의 종류는 크게 '메모리 반도체'와 '시스템 반도체(비非메모리 반도체)'로 나눌 수 있다. 디램DRAM, 낸드플래시NAND Flash 등이 대표적인 메모리 반도체이고, 삼성전자의 주력 상품이기도 하다. 또한 반도체 산업 측면에서는 '파운드리'와 '팹리스fabless(공장이 없는)'로 구분된다. 파운드리는 반도체를 전문적으로 제조하는 사업 또는 기업으로 '반도체 위탁 생산'이라고도 하고, 반도체를 직접 만들지 않고 설계만 하는 회사는 팹리스라고 한다. 세계적으로 가장 유명하고 삼성전자보다 더 큰 매출을 올리고 있는 파운드리 업체는 대만의 TSMC다. 마지막으로, '나노'는 10억 분의 1m를 가리키는 단위 나노미터nm를 말하는데, 1나노는 머리카락 한 올을 2만 개로 나눈 정도의 굵기라고 한다. 따라서 이 굵기가 얇을수록 정밀하고 값비싼 반도체라고 보면 된다.

용어의 기본적인 의미를 파악했다면 기사들로 돌아가보자. 첫 번째 기사 헤드라인에서는 반도체 산업의 올해 실적이 안 좋았고 내년에도 어려울 것이라 보고 있다. 특히, 삼성전자의 주력 상품인 메모리 반도체 실적이 저조했다는 것도 알 수 있다. 이러한 침체를 해법으로 파운드리 산업과 3나노로 대표되는 기술력 향상에 힘쓰겠다는 내용이다.

두 번째 기사에서는 특별히 낯선 단어가 보이지 않는데, 단어 자체보다 의미에 집중해보자. 국민가수, 국민여동생, 국민MC처럼 많은 사람들의 관심을 받는 주식 종목을 '국민주'라고 부르곤 한다. 지난 2021년, 20~30대는 물론이고 전 국민이 주식시장에 뛰어들면서 이른바 '동학개미운동'이 일어났고, 그중에서 가장 치열한 전투는 역시 삼성전자 주가를 사이에 두고 벌어졌다. 기사 제목에도 종종 등장하는 '○만전자'는 삼성전자의 현재 주가를 가지고 만든 말(현재 주가+삼성전자)임을 대부분의 사람이 알고 있을 만큼 삼성전자는 대표적인 국민주다. 2022년 9월 말 기준 삼성전자(보통주)를 보유한 주주는 약 600만 명으로, 전년 대비 100만 명이 늘었다. 이 600만 명 모두가 한국인은 아니겠지만, 대략적으로나마 계산해보면 우리나라 인구를 약 5천만 명이라고 했을 때 10명 중 한 명 이상이 삼성전자 주주라는 이야기가 된다. 드라마 시청률의 경우 10%만 넘어도 대박이라고들 하는데, 상황이 이러하니 전 국민이 365일 내내 삼성전자 주가에 울고 웃는 것도 이상한 일은 아니다.

결국 두 번째 기사는 삼성전자가 우리나라 주식시장에서 가지는 위상을 보여준다. 삼성전자의 실적이 좋든 나쁘든 이미 대한민국 대표 국민주로 공고히 자리잡아 주식 투자를 하는 사람이라면 당연히 보유할 종목이 되었다는 의미다. 삼성전자가 사업 운영을 잘해서 주가가 계속 올랐다면 좋겠지만, 그렇지 않다는 것을 알면서도 다른 종목보다는 차라리 삼성전자가 낫다는 개인투자자들의 감정이 '어쨌든'이라는 세 글자에 녹아 있다.

세 번째 기사에는 '이재용'이란 이름이 등장한다. 이건희 선대 회장이 사망한 지 2년이 지나 이재용 회장이 취임하면서 본격적인 이재용 체제가 시작되었다는 것이다. 이상하지 않은가? 이재용 회장이 어느 회사에 취임했는지 밝히지 않았는데도 누구나 알고 있다. 마치 대한민국 대통령을 지칭할 때 '△△△ 대통령'이라고 하지 굳이 '대한민국 △△△ 대통령'이라고 하지 않는 것만큼이나 당연하기 때문이다. 이재용 회장의 취임은 한 언론사의 2022년 10대 경제 뉴스 중 하나로 꼽힐 만큼 중요하게 취급받았다. 이 기사에서는 현대차그룹이 전 세계 자동차 그룹 중 판매 순위 3위에 진입하게 되었다는 엄청난 사건과 나란히 놓였다.

이제 세 기사를 서로 연결 지어 심층적으로 이해해보자. 이재용 이란 이름의 무게는 생각보다 무겁다. 재벌 기업 중에서도 우리나라의 경제에 상당한 영향을 미치는 삼성그룹의 오너이니 그럴 수밖에 없다. 삼성전자의 위상도 더 공고해졌다. 단지 대한민국의 대표 기업을 넘어 한 나라의 국민의 상당수가 주주인 '국민기업'이 되었다. 이제 삼성전자의 실적을 한 기업의 실적이 아닌 국민의 실적이자 '내 자산'의 실적으로 여기게 될 정도다. 삼성전자가 사업을 잘해나갈지 알기 위해서는 경쟁자인 TSMC의 움직임을 살펴봐야 하고, 미국과 중국의 글로벌 반도체 시장 재편에도 관심을 가져야 한다. 반도체라는 하나의 단어에서 출발하여 파운드리는 무엇이고 시스템 메모리는 무엇인지, 나노는 또 무엇인지 알아야 한다. 미국 바이든 대통령이 한국에 방문했을 때 왜 삼성전자 공장을 찾았는지도 궁금해지고, 주 52시간 근무제가 삼성전자의 실적에 어떤 영향을 끼치는지도 알고 싶어진다. 모든 것이 서로 연관되어 있기 때문이다.

보통의 경제 기사에서는 대기업 종목을 중심으로 소개한다. 종목을 동네 날씨에 비유한다면 강남이나 홍대, 명동 등 사람들이 많이 찾는 지역의 날씨를 주로 다루는 것이라 할 수 있다. 주식 투자를 시작할 때는 대기업 종목들부터 알아보는 것이 좋다. 기사에 많이 언급되므로 정보를 얻기 쉽고, 이를 토대로 조금이라도 더 객관적인 판단을 내릴 수 있기 때문이다. 종목 관련 기사를 읽을 때는 가지고 있는 배경지식의 양과 다른 기사들과 연계하여 이해하는 능력의 차이에 따라 해석의 폭이 달라진다. 해석의 폭이 넓을수록 올바른 결정을 내려 수익을 얻을 가능성이 높아진다. 물론, 지나친 상상은 논점을 흐리고 잘못된 방향으로 향하게 할 수 있으니 주의해야 한다.

주식시장도 멈출 때가 있다

장이 열린 동안은 자유롭게 거래가 이뤄지고 주가가 움직이는 주식시장이지만, 그런 주식시장에도 제동을 걸 수 있다. 크게 두 가지 방법이 있는데, 바로 서킷 브레이커Circuit Breaker와 사이드카Sidecar다. 이 두 방법이 동원되는 일은 흔치 않으나, 만약 동원되었다면 주식시장에 큰일이 벌어진 것이라 생각하면 된다.

서킷 브레이커는 주가지수가 하루에 15% 이상 급등하거나 급락하는 경우에 발동된다. 서킷 브레이커가 발동되면 일정 시간 동안 주식 매매를 할 수 없다. 발동 기준은 계속 변하므로, 기준보다는 이 제도가 필요한 이유를 이해해야 한다.

주가가 급변하면 사람들은 패닉 상태에 빠져 극단적인 행동을 할 가능성이 높다. 1만 원짜리 주식이 1시간 만에 8,500원으로 떨어졌다고 가정해보자. 이 주식을 1억 원어치 사둔 사람은 1,500만 원을 잃는다. 3억 원어치 샀다면 4,500만 원을 잃을 것이다. 이 주식의 시가총액이 1천억 원이라면 150억 원이 사라진 셈이다. 단 1시간 만에! 이런 일이 일어나면 사람들은 주가가 계속 떨어져서 더 큰 손해를 볼까 불안해진다. 그래서 너도나도 시장에 주식을 던진다. 아직 팔 생각이 없었던 사람들까지도 싼 가격에 주식을 내놓는다. 결국 두려움이 두려움을 증폭시켜 시장을 무너뜨리고 만다. 서킷 브레이커는 이런 붕괴를 막기 위한 제동장치다. 1년에 한 번 일어날까 말까 하는 일이지만, 만약 주식 관련 기사에 서킷 브레이커라는 말이 등장했다면 그날 주식시장이 혼란에 빠졌었다는 것을 알 수 있다.

사이드카는 선물시장에 변화가 일어났을 때 현물시장의 프로그램 매매 호가를 5분간 정지시키는 것이다. 프로그램 매매란 일정 기준을 충족하면 여러 개의 종목을 묶어서 동시에 거래하는 것을 말한다. 대부분 처리 과정을 미리 프로그래밍해놓은 다음 거래를 진행하기 때문에 이런 명칭이 붙었다.

'선물시장'은 미래에 현물을 넘겨받기로 약속하고 미리 가격을 정해 거래하는 것이고, '현물시장'은 그 자리에서 물건과 돈을 교환하는 것이다. 주식시장은 현물시장에 해당된다. 선물시장의 가격이 크게 움직이면 현물시장의 가격도 영향을 받는데, 그 영향에서 주식시장을 보호하기 위한 가격 안정화장치가 바로 사이드카다.

6

무역의 기본은
환율과 관세다

핵심 개념

환율
한 나라 화폐와 다른 나라 화폐의 교환 비율이다. 어떤 화폐를 기준으로 비교하느냐에 따라 다르며, 원·달러 환율이 가장 흔하게 사용된다. 일반적으로 환율이 오르면 수출에 유리하고 수입에 불리해진다.

경상수지
한 나라가 일정 기간 동안 다른 나라와 거래한 상품과 서비스 내역을 집계한 것이다. 외국과 거래를 얼마나 잘했는지 평가하는 지표로 사용된다. 외국과의 거래로 쓴 외화보다 벌어들인 외화가 많으면 경상수지 흑자, 벌어들인 외화보다 쓴 외화가 더 많으면 경상수지 적자라고 말한다.

관세
통관 절차를 거치는 과정에서 부과되는 세금이다. 수출세, 수입세, 통과세 등이 있다. 국가 간 무역 다툼이 벌어질 때 무역 장벽을 세우는 수단으로 사용되곤 한다.

1달러를
우리 돈으로 바꾸면 얼마일까?

환율은 우리나라 화폐와 다른 나라 화폐의 교환 비율이다. 지구상에는 수많은 화폐가 존재하기 때문에 환율을 이해하기란 복잡하고 까다롭다. 하지만 환율을 없애려면 다른 나라와 거래하지 않거나 전 세계가 동일한 화폐를 쓰는 수밖에 없다. 전 세계의 경제가 서로 연결되어 있는 오늘날에는 둘 다 불가능하므로 환율을 잘 알아두는 것이 최선이다.

그래도 요즘은 해외여행을 가는 사람들도 많아지고, 해외직구도 많이 해서 이전에 비해 환율이 친숙해졌다. 그럼 해외직구를 하려는데 '환율이 떨어졌다'면 좋아해야 할까, 아니면 싫어해야 할까? 정답은 '알 수 없다'다. 우선 '환율이 떨어졌다'는 표현 자체가 적절하지 않다. 원화의 가치가 떨어졌는지 달러의 가치가 떨어졌는지 정확히 표현해야 한다. 어떤 화폐의 가치가 떨어졌는지에 따라 상반된 결과가 나오기 때문이다.

일상적으로 '환율이 떨어졌다(환율 하락)'는 말은 '원화에 비해 달러의 가치가 낮아졌다'는 의미로 사용된다. 이는 곧 '원화의 가치가 높아졌다'고 바꿔 말할 수 있다. 그럼 다시 이야기해보자. '원화의 가치가 높아졌다'면 해외직구족에게 좋은 일일까? 그렇다. 달러에 비해 원화가 비싸진 것이므로 같은 외국 물건을 사더라도 예전보다 돈을 덜 내도 된다. 자, 몸풀기를 끝냈으니 본격적으로 환율의 의미를 알아보겠다.

환율의 변화를 말하는 법

환율을 이해하려면 우리나라의 화폐가치가 높아졌는지 낮아졌는지 파악할 줄 알아야 한다. 경제 뉴스나 기사에도 관련 내용이 자주 등장한다. 화폐가치의 상승과 하락을 표현하는 말로는 여러 가지가 있는데, 이를 하나씩 정리해보기에 앞서 사람들이 쉽게 착각하는 부분부터 짚어보자. 원·달러 환율이 1,000원에서 1,100원으로 올랐다. 원화 앞에 붙는 액수가 커졌으니 원화의 가치가 높아진 것일까? 반대다. 환율은 가격이 아닌 상대적 교환가치이므로 숫자 자체만 보고 판단해서는 안 된다. 검은 돌 10개를 주면 흰 돌 1개와 맞바꿀 수 있었는데 어느 날부터 흰 돌 1개를 얻으려면 검은 돌 11개가 필요해졌다고 해보자. 줘야 하는 검은 돌의 개수는 늘었지만 얻을 수 있는 흰 돌의 개수는 똑같다. 검은 돌의 가치가 줄어든 것이다. 돈도 마찬가지다. 환율에서 숫자가 커지는 것은 가치가 줄어드는 것을 의미한다. 조금 혼란스러울 수 있겠으나 환율은 대부분 달러를 기준으로 하기 때문에 어쩔 수 없다. 원화를 기준으로 환율을 계산하는 세상이 오지 않는 한 불편해도 참아야 한다.

'환율이 올랐다/떨어졌다'라는 말 대신 '평가절상/평가절하'라고 표현하기도 한다. 어쩐지 어려워 보이는 표현들이지만 그 의미를 해석하는 것은 어렵지 않다. 평가절상은 '가치가 상승했다'는 것이고, 평가절하는 '가치가 하락했다'는 것이다.

1달러 = 1,000원 ⇨ 1달러 = 1,100원: 평가절하

1달러 = 1,000원 ⇨ 1달러 = 900원: 평가절상

이와 비슷한 표현으로 '원화 강세/원화 약세'도 있다. 어떤 화폐를 기준으로 하느냐에 따라 달러 강세, 유로 약세 등으로도 사용된다. 원화 강세는 '원화의 힘이 강해졌다'는 의미이고, 이는 원화의 가치가 높아졌다는 것과 같다. 반대로 원화 약세는 '원화의 힘이 약해졌다'는 뜻이다.

1달러 = 1,000원 ⇨ 1달러 = 1,100원: 원화 약세 = 평가절하

1달러 = 1,000원 ⇨ 1달러 = 900원: 원화 강세 = 평가절상

가장 흔하게 사용하는 표현은 '원·달러 환율 상승/하락'이다. 원칙대로라면 기준이 되는 통화를 먼저 적어야 한다. 대부분의 경우 환율을 말할 때 '1달러에 1,000원'이라고 하지, '1원에 0.001달러'라고 하지는 않는다. 즉, 기준이 되는 통화는 한국 화폐가 아닌 외국 화폐다. 따라서 원칙을 따르면 '달러·원 환율'이라고 써야 한다. 하지만 관습은 종종 원칙에 앞선다. 덕분에 환율을 읽어야 하는 우리는 더욱 헷갈릴 수도 있겠으나 원·달러 환율 상승 또는 하락은 직관적으로 이해하면 된다.

1달러 = 1,000원 ⇨ 1달러 = 1,100원

: 원·달러 환율 상승 = 원화 약세 = 평가절하

$$1달러 = 1,000원 \Rightarrow 1달러 = 900원$$

: 원·달러 환율 하락 = 원화 강세 = 평가절상

환율이 오르면 내 일상에는 어떤 일이 벌어질까?

보통 환율이 오르면 수출에 유리하고 수입에 불리하다고 말한다. 환율이 오르면 수출이 늘어 경제가 활성화된다. 동시에 수입 물가가 오르면서 수입이 줄거나 수입품의 가격 상승이 전체 물가의 상승으로 이어져 서민들의 삶이 어려워진다. 수출이 늘어나는 것과 수입 물가를 안정화시키는 것 중 어느 쪽이 더 중요할까? 그때그때 경제 상황에 따라 다르다. 그러므로 줄타기를 아주 잘해야 한다.

예를 들어 살펴보자. 미국에 스마트폰을 수출하는 우리나라 기업이 있다. 이 스마트폰은 미국에서 1,000달러에 판매된다. 환율이 1달러에 1,000원일 때 스마트폰의 가격은 우리나라 돈으로 100만 원이다. 그러던 중 1달러에 1,100원으로 환율이 오른다. 이제 100만 원을 달러로 바꾸면 909달러이고, 1,000달러는 110만원이다. 이 가상의 기업이 아무런 노력을 하지 않았는데도 10만 원을 더 벌게 된 셈이다. 실제로는 그러지 않지만, 이 기업은 스마트폰의 미국 가격을 909달러로 낮추기로 한다. 그래도 기업이 버는 돈은 똑같으니 손해는 입지 않는다. 미국 시민들은 원래

1,000달러였던 스마트폰을 더 싸게 살 수 있게 되었으니 더 많이 산다. 살까 말까 고민하던 사람도 더 이상 고민하지 않고 산다. 결과적으로 기업의 매출이 늘어나고 실적이 오른다.

이번에는 외국의 소고기를 우리나라로 사오는 수입업자의 사례를 보자. 이 수입업자는 1kg당 100달러를 주고 소고기를 수입한다. 환율이 1달러에 1,000원일 때는 우리나라 돈으로 1kg당 10만 원이 필요하다. 환율이 올라서 1,100원이 되어도 수입업자는 여전히 소고기를 수입해야 하는데, 이제는 1kg당 우리 돈 11만 원이

환율이 올랐을 때의 수출과 수입

U$1=1,000 → U$1=1,100

수출업자
- 1대=U$1,000 / 1대=U$1,000
- 수익 : 100만 원 / 수익 : 110만 원
- → 수출업자의 수익↑ =수출에 유리

수입업자
- 1kg=U$100 / 1kg=U$100
- 비용 : 10만 원 / 비용 : 11만 원
- → 수입업자의 비용↑ =수입에 불리

세상 친절한 경제상식

들어간다. 수입업자는 손해를 보지 않으려 국내 가격을 올린다. 가격이 오르자 국내 소비자들은 수입 소고기를 덜 먹기 시작한다. 수입업자에게는 참 답답한 상황이다. 손해를 보지 않으려 가격을 올리면 판매량이 줄어 수익이 감소하고, 판매량을 유지하기 위해 가격을 올리지 않아도 원가가 올랐으니 역시 수익이 줄어든다. 소고기처럼 소비를 줄일 수 있는 상품의 경우에는 가격이 좀 올라도 소비자는 큰 피해를 입지 않는다. 그러나 원유와 같이 꼭 필요한 상품은 가격이 올랐다고 해서 덜 살 수 없다. 그런 수입품을 사용하는 나라와 사람들은 불리해진다. 이런 원리가 작용하기 때문에 원·달러 환율의 상승은 수출에 유리하고 수입에 불리하다고 말한다.

하지만 이 상황이 지속되는 것은 아니다. 원·달러 환율이 올라서 수출이 늘어나면 수출 기업의 수중에 달러가 많아진다. 그 달러들을 계속 그대로 보관할 수도 있지만 원화를 쓸 일이 많은 한국 기업은 달러를 원화로 바꾼다. 다시 말해 외환시장에서 달러를 팔고 원화를 산다. 외환시장에 달러의 공급이 늘어났으니 달러의 가격이 하락하고, 원화의 수요가 늘어났으니 원화의 가격은 상승한다. 원화의 강세이며 원·달러 환율이 하락할 것임을 알 수 있다. 시장의 구조가 이렇다 보니 환율이 끝도 없이 오르는 경우는 흔치 않다.

원·달러 환율↑ ⇨ 수출↑ ⇨ 달러 수요↓ / 원화 수요↑

⇨ 달러 약세 / 원화 강세 ⇨ 원·달러 환율↓

환율의 진정한 힘은
무역에서 발휘된다

평범한 사람이 환율 변동의 영향을 직접적으로 체감하는 일은 별로 없다. 앞서 이야기한 해외여행이나 해외직구, 혹은 외국에 돈을 보내야 할 때 정도다. 환율에 관심이 조금 있는 사람들은 '외화 통장'이란 것을 만들어서 관리하기도 한다. 외화를 원화로 바꾸지 않고 외화 상태 그대로 예금하는 상품이다. 아무튼, 일반인들에게 환율은 좀 낯설다.

외환시장에서 환율이 몇 원 올랐다거나 내렸다는 뉴스를 들으면 '겨우 몇 원 가지고 기사까지 나오나?' 하는 생각이 들 수도 있다. 하지만 수출업체와 수입업체는 환율이 조금만 변해도 천국과 지옥을 오간다. 무역에 있어 환율의 영향력이 얼마나 대단한지 계산을 한번 해보자. 하루 사이에 1달러에 1,000원이던 환율이 1,100원으로 올랐다. 이 100원의 차이가 미치는 영향은 어느 정도일까?

해외직구로 100달러(10만 원)짜리 물건을 사려던 사람은
하루 만에 1만 원을 더 내게 되었다. ⇨ 별일 아니다.
여행 경비로 1,000달러(100만 원)이 필요할 것으로 예상하던 사람은
하루 만에 10만 원이 더 필요해졌다. ⇨ 조금 신경 쓰인다.
유학을 가 있는 자녀에게 1만 달러(1천만 원)을 보내려던 사람은
하루 만에 100만 원이 더 들게 되었다. ⇨ 조금 화가 난다.
외국 기업에 10만 달러(1억 원)을 주고 물건을 사오던 수입업자는
하루 만에 1천만 원을 더 주게 되었다. ⇨ 당황스럽다.
외국 기업과 100만 달러(10억 원)짜리 계약을 맺으려던 수출업자는
하루 만에 1억 원을 더 벌게 되었다. ⇨ 만세!

개인의 입장에서는 큰 차이가 느껴지지 않아도 대규모 거래를 하는 수출/수입업자는 단 100원의 환율 변동도 무시할 수 없다. 물론 예를 들기 위해 과장해서 이야기했을 뿐, 실제 시장에서 환

세상 친절한 경제상식

율이 하루에 100원씩이나 변하는 일은 거의 없다. 주식 투자를 할 때처럼 환율의 변동 범위나 방향을 미리 알 수 있다면 큰 이익을 얻을 수 있다.

오늘날 세계 각국은 무역으로 연결되어 있다. 북한이 받고 있는 경제제재가 가혹하면서 효과적인 것도 이 때문이다. 만약 우리나라가 경제제재를 받는다면 우리의 일상은 어떻게 될까? 우리가 먹고 입고 사용하는 모든 것 중에서 외국산이 전부 사라진다고 상상해보자. 그렇게 되면 단 하루도 살 수 없을 것이다.

환율 변동이라는 알 수 없는 터널

해외 펀드의 수익률을 보고 숫자 그대로의 수익을 기대해서는 안 된다. 환차익 또는 환차손이 발생할 수 있기 때문이다. 환차익은 환율 차이에 따른 이익, 환차손은 환율 차이에 따른 손해다. 환차익과 환차손은 외화 거래에 있어 중요한 변수가 된다. 이를 방지하는 방법 중 하나는 외화를 원화로 바꾸지 않는 것이다. 주로 기업들이 환리스크(환율로 발생하는 위험)를 피하기 위해 사용하는 방법이다. 외화로 거래할 일이 많지 않은 개인에게는 적용하기 어렵다.

우리나라에서 자주 사용하는 통화가 아닐 경우에는 외화 거래 시 환차익과 환차손을 중복으로 겪게 된다. 브라질 국채에 투자하는 것이 유행했던 적이 있다. 브라질 국채를 살 때 우리나라 돈을 브라질 돈으로 직접 교환해서 살 수 있으면 좋겠지만, 우선 원화를 달러로 바꾼 다음 브라질 돈인 헤알Real화로 다시 바꿔야 한다. 총 두 번의 환율 변동을 거쳐야 하는 셈이다. 환율 변동의 터널을 두 번이나 지나온 뒤 이익이 남을지 손해를 볼지는 알 수 없다. 그래서 해외 펀드에 투자할 때는 더욱 신중해야 한다.

수출과 수입의 성적표, 경상수지

경상수지란 외국과 거래를 얼마나 잘했는지 따져보는 지표다. 수지는 '수입과 지출'의 준말이다. 이때 수입은 해외에서 물건을 들여오는 수입이 아닌 벌어들인 이익을 뜻한다. 우리나라의 수출과 수입에 영향을 미치는 요소는 정말 많다. 중국인 관광객이 줄었다거나 유가가 폭등한다거나 하는 사건 사고가 끊임없이 일어난다. 요즘은 해외 직접 투자로 배당금을 받거나 이자를 받는 사람도 늘었다. 그 과정을 일일이 분석하는 것은 굉장히 복잡한 일이라서 결과만 따로 숫자로 정리한 것이 경상수지다.

경상수지보다 큰 개념으로 '국제수지'가 있다. 국제수지는 한 나라가 일정 기간 동안 다른 나라와 거래한 모든 내역을 집계한 것이다. 국제수지는 경상수지와 자본수지로 나뉜다. 경상수지는 실제 상품이나 서비스를 거래한 결과이고, 자본수지는 증권 매매나 투자 등 돈(자본)만 오간 결과다. 그래서 자본수지는 경상수지에 비해 실제 기업들의 거래 성과와의 관련도가 떨어진다. 뉴스나 기사에서도 국제수지나 자본수지보다 경상수지를 더 많이 다룬다. 경상수지는 크게 상품수지(수출과 수입에 따른 수지)와 서비스수지 (관광, 여객 등의 서비스로 발생한 수지), 소득수지(임금, 투자소득 등 노동과 자본거래로 발생한 수지), 경상이전수지(송금, 기부금 등 대가 없이 주고받은 수지)로 구분한다.

> 10월 경상수지 8.8억 달러 흑자 '턱걸이'…상품수지 적자 전환
> 《연합뉴스》, 2022.12.09.)

외국과의 거래로 쓴 외화보다 벌어들인 외화가 많으면 경상수지 흑자라고 말하고, 벌어들인 외화보다 쓴 외화가 더 많으면 경상수지 적자라고 말한다. 우리나라로 해외여행을 오는 외국인이 많을까, 아니면 외국으로 여행을 나가는 한국인이 많을까? 당연히 해외여행을 가는 한국인이 더 많다. 그래서 서비스수지는 거의 항상 적자다. 결국 우리나라는 경상수지 흑자가 되려면 서비스수지의 적자를 메꾸고도 남을 만큼의 상품수지 흑자를 내야 한다. 기사에서는 상품수지가 적자로 바뀌어 경상수지가 간신히 흑자를

기록했음을 '턱걸이'라는 표현으로 나타냈다. 이 경우는 매우 특이한 상황이다. 상품수지가 적자이면 보통 경상수지도 적자다. 그런데 자본수지의 선방 덕분에 힘들지만 경상수지 흑자를 유지할 수 있었던 것이다.

경상수지 흑자 ≒ 상품수지 흑자 ≒ 수출 증가

이제 경상수지 흑자와 환율의 관계를 알아보자. 경상수지가 흑자라면 우리나라에 외화가 많이 들어온 것이다. 공급이 늘어났으니 외화의 가격이 내려간다. 외화의 가격이 내려갔으니 원화의 가격은 오른다. 원화의 가치가 올랐으니 결국 환율은 내려간다. 다른 관점에서 볼 수도 있다. 우리나라에 들어온 외화는 다시 원화로 바꿔야 한다. 그러므로 외화의 공급이 늘어나면 원화의 수요도 늘어난다. 수요가 늘어났으니 원화의 가격이 오른다. 그래서 환율이 하락한다. 환율이 하락하면 수출이 불리해지고 수입이 유리해진다. 경상수지 흑자가 수출 감소로 이어질 수 있다. 수출을 감소시켰으니 경상수지 흑자는 나쁜 것일까? 꼭 그렇지만은 않다. 본래 경제는 오르고 내리기를 반복하면서 점진적으로 성장해나가는 것이 가장 좋다.

수출의 비중이 큰 우리나라에서 경상수지는 아주 중요한 지표

세상 친절한 경제상식

다. 경제성장을 위한 주요 수익원을 판단하는 지표이자 외환보유액 획득의 수단이다. 이제 '외환보유액'이란 개념을 함께 알아보자.

국제 거래의 위기 상황에 대비하는 비상금, 외환보유액

다른 나라와 거래를 할 때 필요한 것은 판매할 상품과 거래 수단인 외화다. 우리나라 돈을 찍어서 준다고 한들 외국에서 '그 돈은 받지 않는다'고 한다면 거래가 성사될 수 없다. 반대로 모든 나라들이 '이 나라 돈은 받는다'고 하는 통화도 있다. 이 통화를 '기축통화'라고 하는데, 국가 간 거래의 기본이 되는 화폐다. 현재는 미국 달러가 기축통화로 사용된다. 미국 달러 외에 유로화나 엔화 등도 국제 거래에 사용되긴 하지만 아직까지 달러를 능가할 화폐는 등장하지 않고 있다.

한 나라가 비상시에 사용하기 위해 모아둔 외화자금을 외환보유액이라고 부른다. 외환보유액의 단위 역시 달러다.

달러 평가절하로, 외환보유액 넉 달 만에 늘어《매일신문》, 2022.12.05.)

외환보유액은 한 나라의 '지급 능력'을 보여주는 지표이기도 하다. 외환보유액이 많을수록 그 나라의 지갑이 두둑한 것이다. 우리 나라의 외환보유액은 세계 9위(2022년 10월 기준) 수준이다. 외환 보유액은 크게 두 가지 경우에 사용된다. 첫째는 환율이 이상하게 상승할 때다. 환율의 상승폭이 너무 커지면 국가는 외환보유액을 시장에 풀어 환율을 안정시킨다. 둘째는 어떤 긴급한 사태가 발생 해서 기업들이 외국으로부터 외화를 빌릴 수 없게 된 경우다. 그럴 때는 국가가 대신 기업에게 외화를 빌려준다. 이때 사용되는 외화 자금도 외환보유액이다. 이처럼 외환보유액은 국가가 가진 비상금 과 같다.

1997년, 우리나라는 외환보유액이 고갈되어 국가 경제가 휘청 거린 적이 있다. IMF 외환 위기, IMF 구제금융 사태 등으로 불리 는 바로 그 사건이다. 외화가 없으면 다른 나라와 거래할 수 없다. 여러분이 마트에 갔는데 현금도 카드도 없다고 해보자. 누구도 여 러분에게 공짜로 물건을 내주지 않을 것이다. 국가도 똑같다. 외화 가 없으면 국제경제에서 아무런 역할도 할 수 없다.

IMF 외환 위기 당시 우리나라의 외환보유액은 완전히 말라버 린 상태였다. 외화가 없으니 환율이 치솟았다. 환율이 너무 올라 수출이 늘고 수입이 줄어드는 수준을 넘어 어떤 물건도 수입할 수 없는 지경에 이르렀다. 그런데 그보다 더 큰 문제가 있었으니, 부채 다. 외국에서 빌린 돈은 외국 돈으로 갚아야 하는데 외화가 바닥나 갚을 수 없게 되었다. 스스로 문제를 해결할 수 없어 국제통화기금IMF에서 돈을 빌려야 했다. 그것으로 부족해 국민들이 금을 모으고 굴욕적인 조건에 기업들을 팔아야 했다. 그렇게 겨우 국가 위기 상황에서 벗어났다. 그 과정에서 수많은 기업들이 팔리거나 파산했다. 파산한 기업에 다니던 노동자들은 일자리를 잃었고 경제는 극도로 침체되었다.

우리나라 국민들의 경제관념, 직장관, 회사 내 문화 등 모든 것이 IMF 외환 위기를 기점으로 달라졌다. 지금 논란이 되고 있는 비정규직 노동자가 생겨난 것도 바로 이 시기다. 기업 내에서는 '성과'가 '연공서열'보다 중시되기 시작했다. 많은 대기업들이 무너졌고, 살아남은 대기업들은 더 큰 대기업으로 거듭났다. 모든 사람이 고통받은 것은 아니다. 계속해서 오르던 아파트값이 폭락했다. 직장에서 밀려난 사람들이 가진 자산을 팔았기 때문이다. 이때 돈을 가진 사람이나 먹고살 만한 기업들은 폭락한 자산을 싼값에 사들였고, 나중에 엄청난 이득을 챙길 수 있었다.

IMF 이후로 우리나라 사람들은 외환보유액 증감에 상당히 민감하게 반응하게 되었다. 예로 든 기사에서는 외환보유액이 4개월 연속 줄어들다가 반등했다는 내용을 중요하게 내세웠다. 외환보유액이 변동한 이유는 '달러 평가절하' 때문이다. 외환보유액이 줄어든 4개월 동안 일명 '킹king달러' 혹은 '갓god달러'라고 불릴 만큼 우리나라를 비롯해 세계적으로 강한 달러(다른 통화 대비 평가절상) 추세가 이어졌고, 우리나라에서는 IMF가 또 오는 게 아니냐며 불안해하는 기사들이 많이 나왔다. 그러다 외환보유액이 늘어난 것은 달러 강세가 주춤하면서 우리나라가 보유 중인 다른 나라 돈(자산) 역시 달러 대비 평가절상되면서 달러로 환산했을 때의 가치가 증가했기 때문이다.

무역 다툼에서 관세는
아주 강력한 무기

무역도 시장 원리를 따라 움직인다. 이때 일부 나라들은 무역 때문에 손해를 본다고 생각할 수 있다. 그럴 때 '무역 장벽'을 세운다. 무역 장벽을 세우는 대표적인 방법은 관세를 이용하는 것이다. 다른 방법도 있지만 이 책에서는 '무역 장벽=관세'라고 단순화해서 설명하려 한다.

관세는 통관 절차를 거치는 과정에서 부과되는 세금이다. 우리나라에서 수출되는 상품, 우리나라로 수입되는 상품, 그리고 우리나라를 통과하는 상품 등이 관세 부과 대상으로, 한 나라의 국경을 넘을 때마다 내는 것이라 생각하면 쉽다.

관세는 달리기 선수의 발목에 채운 납덩어리와 같다

관세를 부과하는 이유는 보통 두 가지다. 첫째는 자국의 산업을 보호하기 위해서다. 저렴한데 품질도 좋은 외국 물건이 수입되면 소비자들은 당연히 국산 대신 그 외국 물건을 산다. 소비자로서는 좋은 선택이다. 하지만 국가나 기업의 입장에서는 좋은 일이 아닐 수 있다. 외제차를 예로 들어 생각해보자. 과거에는 외제차가 부유한 사람들만 타는 고가품이자 사치품에 가까웠지만 요즘은 훨씬 많은 사람들이 외제차를 산다. 외제차를 수입할 때 붙는 관세를 비롯한 각종 세금이 매우 낮아졌기 때문이다. 외제차의 수요가 늘면 국내산 자동차의 수요는 줄어들 수밖에 없다. 가전제품을 만드는 기업도 마찬가지다. 장기적 관점에서 볼 때 우리나라의 경쟁력 있는 산업을 육성하려면 해외 제품의 수입을 어느 정도 조절해야 한다. 그래서 수입품에 관세를 부과해 국내 가격을 올림으로써 자국 산업을 보호한다.

둘째는 정부의 수입인 '세입'을 늘리기 위해서다. 원유 등에 붙는 세금이 대표적이다. 우리나라는 기름 한 방울 나지 않는 나라이므로 원유에 세금을 물리지 않는다고 해서 타격받을 국내 산업은 없다. 그럼에도 정부는 원유에 세금을 매긴다. 원유를 생산 원료로 사용하는 국내 기업들로서는 없애고 싶은 세금이다. 세금이 줄면 그만큼 싼 가격에 원유를 살 수 있기 때문이다.

수입하는 나라의 입장에서 관세는 필요한 세금이지만 수출하는 나라의 입장에서는 걸림돌이자 불공정한 경쟁을 하도록 강제하는 수단이다. 관세를 부과하는 것은 한 나라가 달리기 대회를 주최하면서 자국 선수를 1등으로 만들기 위해 자국 선수는 맨몸으로 뛰게 하고, 외국 선수는 발목에 무거운 납덩어리를 찬 채 뛰게 하는 것과 비슷하다. 이 경우 다른 나라들이 할 수 있는 선택은 두 가지다. 하나는 납덩어리를 떼게 해달라고 상대 나라를 압박하는 방법이고, 다른 하나는 자신도 똑같이 외국 선수들에게 납덩어리를 채우는 방법이다.

두 번째 방법을 선택했을 때 펼쳐질 상황은 뻔하다. A 나라가 B 나라 선수의 발목에 1kg짜리 납덩어리를 채우면 B 나라도 A 나라 선수의 발목에 1kg짜리 납덩어리를 채운다. 기분이 나빠진 A 나라는 B 나라 선수에게 채운 납덩어리의 무게를 2kg으로 늘린다. B 나라도 질 수 없으니 A 나라 선수의 발목에 더 무거운 납덩어리를 채운다. 이를 거듭하다 보면 두 나라 간의 무역량이 급격히 줄고 양국 경제가 모두 침체되고 만다.

납덩어리를 모두 떼자는 것이 세계무역기구WTO, 자유무역협정FTA,

환태평양경제동반자협정TTP 등이고, 어떻게든 상대에게 더 무거운 납덩어리를 채우겠다고 협박하는 것이 최근 벌어지고 있는 '미·중 무역 전쟁'이다.

국제경제의 빅 매치, 미·중 무역 전쟁

경제 격투기의 월드 챔피언 자리를 놓고 세계경제 1등과 2등이 맞붙으며 전 세계 최고의 빅 매치가 열렸다. 이 경제 격투기의 룰은 '규칙은 있지만 힘이 있으면 무시해도 된다'는 것 단 하나다. 체급이 달라도, 혼자서 여러 명과 싸워도, 여럿이 팀을 짜서 한 명을 공격해도 된다. 경기 시간에도 기준이 없다. 누군가 쉬자고 하면 쉬고, 그러다 또 누군가 갑자기 때리기 시작하면 경기가 재개된다. 누구도 마음대로 링에서 내려올 수 없다. 경기장에서 버티는 동안 돈이 생기기 때문이다.

미국과 중국의 싸움은 전 세계 경제를 뒤흔들 것이다. 두 나라가 본격적으로 다투기 시작하면 세계경제는 무조건 침체기에 빠진다. 양국 모두 목숨을 걸고 싸우기엔 서로 부담이 크기 때문에 강온 전략을 병행하고 있다. 배경 설명은 이 정도로 마치고 다음 기사 제목을 살펴보자.

"내년 세계 성장 둔화…미중 갈등 위험 요인"《뉴스토마토》, 2022.12.04.)

미국과 중국의 싸움은 오래되었고 앞으로도 쉽게 끝날 것으로 보이지는 않는다. 빅2의 사이가 나빠지면서 '분절화fragmentation'라는 단어가 등장했다. 미·중 분쟁 이전의 세계는 모든 것을 연결시키면서 최적의 조건을 찾아 교역해왔다. 국경을 넘나들며 최적의 조건으로 촘촘히 이어지던 것이 미국과 중국이 반목하면서 조각조각 나뉘는 것을 가리켜 분절화라고 부른다. 예를 들어, 미국이 설계하고 중국이 1차 가공한 물건 또는 원재료를 우리나라에서 수입해 조립 및 가공하여 저렴하게 세계에 판매하는 구조가 더 이상 동작하지 않게 되는 것이다. 미국 또는 중국 어느 한 편에 가까워질수록 다른 한 편과는 멀어지게 된다. 효율이 아닌 명분과 편 가르기로 서로의 경제가 단절되기 시작했다.

2018년 7월, 미국이 중국 수입품 약 800여 종에 25%의 보복성 관세를 부과하면서 미·중 무역 분쟁이 본격화되었다. 같은 달, 중국 역시 미국산 농·수산물, 자동차 등에 25%의 보복성 관세를 부과해 맞대응했다. 2019년 5월에 진행된 양국의 무역 협상은 결렬되었고, 상호 간의 보복전이 지속되다 2020년 1월에 마침내 1단계 무역 합의에 서명했다. 하지만 이후로도 미·중 무역 분쟁은 다양한 분야와 방법으로 지속적으로 이어지는 중이다. 일례로 미국은 '칩4'로 대표되는 반도체 동맹으로 글로벌 첨단 산업계에서 중국을 제외하려 하고, 중국은 달러로만 원유를 거래하는 일명 '페트로 달러petro dollar' 체제에 균열을 내기 위해 사우디아라비아에 접근하고 있다. 정치적으로도 대만과 '러시아-우크라이나' 전쟁을 두고 양국은 직접적인 전쟁만 벌이지 않았을 뿐, 계속해서 갈등을 확대시키고 있다.

2022년 11월, 바이든 대통령 취임 이후 처음으로 미국과 중국의 정상이 대면 회담을 가졌다. 하지만 갈등이 잦아들 가능성은 당분간 희박할 것으로 보인다. 2018년 트럼프 대통령이 공식적으로 분쟁을 시작한 후 2022년 말 현재 바이든 대통령 임기 중에도 이어지고 있고, 중국은 2022년 10월 시진핑 주석의 세 번째 연임이 확정되었다. 각자의 정치적 변동 속에서도 갈등이 계속되고 있는 것이다.

고래 싸움에 우리 등이 터질까?

당연한 말이지만, 미국과 중국의 싸움은 둘만의 문제가 아니다. 우리나라 기업은 우리나라 내에서만 생산하지 않는다. 우리나라에서 난 원료로만 물건을 만들지도 않는다. 중국과 미국도 마찬가지다. 중국과 미국이 주고받는 무역품에는 다른 나라에서 만든 원료가 들어간 것들도 섞여 있다. 그중에는 우리나라에서 생산된 것도 있을 것이다. 그렇다 보니 미·중 무역 전쟁으로 양국의 무역량이 줄면 관련된 다른 나라의 무역량도 줄어든다. 그래서 전 세계가 두 나라의 관계에 촉각을 곤두세우고 있다.

G2 반도체 전쟁 격화…"한국, 10년 뒤가 걱정"(《동아일보》, 2022.12.20.)

미·중 간의 힘겨루기 중에서도 우리나라의 대표 산업인 반도체 관련 내용으로 범위를 좁혀보자. 중국이 미국의 불합리한 수출 통제로 불이익을 받는다며 세계무역기구에 소송을 제기했다. 미국은 중국이 첨단 반도체를 만들 수 없도록 반도체 장비 수출을 금지했다. 미국뿐 아니라 일본과 네덜란드를 같은 편으로 묶어 공동으로 대응하는 모양새다. 말하자면 반도체 업계에서 중국이 성장할 수 없게 미국이 친구들을 불러서 함께 막고 있는 셈이다. 하지만, 중국이 그냥 앉아서 당할 리는 없다. 중국은 자체적으로 이 문제를 해결할 수 있도록 막대한 자본을 쏟아붓겠다고 발표했다. 이렇게 G2Group of Two(미국과 중국)가 맞붙으면 우리나라도 피해를 받을 수 있다. 우리나라 반도체 수출 물량의 약 40%가 중국에 판매된다. 단순히 계산했을 때 중국과 거래하지 않는다면 전체 실적의 40%가 사라진다는 의미다. 게다가 궁지에 몰린 중국 기업들이 작정하고 우리나라의 기술을 빼내갈 가능성도 무시할 수 없다. 거대한 흐름은 한번 자리를 잡으면 쉽게 바뀌지 않는다. 마치 1960년대에 미국과 소련을 중심으로 세계가 양분되었던 냉전시대처럼 편을 나눠 어느 한쪽이 무너질 때까지 다투어야 할지도 모른다. 우리나라 입장에서는 이러나 저러나 시장의 크기가 줄어드는 것이다.

TSMC 美공장, 애플용 반도체 생산…삼성, 고객사 확보 경쟁 '긴장'(《동아일보》, 2022.12.08.)

그럼, 온전히 미국 편을 들면 될까? 미국과 중국이 싸우는 첫 번째 이유는 자국의 이익이다. 동맹국의 이익이 그보다 앞설 수는 없다. 미국은 중국의 반도체 산업을 말려 죽이려는 한편, 미국 영토 안에서 안정적인 반도체 산업 생태계를 갖추려 하고 있다. 미국은 반도체 설계 기술을 가지고 있고 애플과 같이 첨단 반도체가 필요한 빅테크 기업들도 있지만, '반도체를 만드는 공장'은 없다. 그래서 첨단 제조 공정 시설과 기술을 보유한 대만의 세계적인 반도체 기업 TSMC의 공장을 유치한 것이다. 우리나라로서는 중국 시

장은 닫히고 미국 시장에서는 우리 제품을 팔기 힘든 상황을 이겨
내야 한다.

먼 곳에서 벌어진 전쟁이 우리에게 미치는 영향

2022년 2월, 러시아의 우크라이나 침공으로 전쟁이 발발했다. 두 나라, 특히 우크라이나의 경우 이름은 들어봤어도 실제로 지도에서 짚어보라면 찾기 쉽지 않을 만큼 우리나라 사람들에게는 조금 낯설다. 그러니 처음에는 이 전쟁이 실감하기 어려운 먼 나라 이야기처럼 느껴지기도 했을 것이다. 하지만 전쟁이 벌어진 곳은 멀어도 그 영향은 직접적으로 다가왔다. 단지 '강 건너 불구경'인 줄 알았는데 그 불이 나도 모르는 새 번져 내 집을 태운 격이다.

가장 크게 닥친 영향은 다름 아닌 '물가 인상'이다. 우선, 러시아는 세계 최대의 천연가스 수출국이자 세계 3대 산유국이다. 그 밖에 각종 주요 광물들의 공급처이기도 하다. 또한 우크라이나는 대표적인 곡물 수출국으로, 세계 전체 수출량 중 밀은 약 10%, 옥수수는 약 18%를 차지한다. 그런데 전쟁이 일어나며 주요 원자재 및 농산물의 수출길이 막히자 전 세계의 물가가 오르는 현상이 일어났다. 유럽은 러시아로부터 이어지는 가스관을 통해 천연가스를 공급받는다. 그런데 이 공급이 끊긴 것이다. 완전히 가스 공급이 멈춘 것은 아니었으나 당연히 가스 가격이 올랐다. 포격으로 인해 가스관이 손상된 것이 아니라, 서유럽을 중심으로 하는 북대서양조약기구NATO가 러시아의 침공을 비난하자 러시아가 가스관을 잠궈버렸다(표면적으로 다른 이유를 대긴 했다). 러시아의 천연가스 공급이 중단되자 독일부터 태도가 바뀌었다. 원유 문제 역시 비슷하다. 송유관 자체에 문제가 생긴 것이 아니라 러시아에 대한 경제제재 수단으로 미국이 러시아 원유 수출을 막아버려 발생한 것이다. 한편, 우크라이나의 곡물 수출은 러시아가 항구를 봉쇄하면서 막히게 되었다. 반도체 생산에 필수적인 특수가스 원료 역시 러시아와 우크라이나 의존도가

50%를 넘어 세계적인 반도체 품귀 현상마저 빚어졌다. 이처럼 전쟁의 피해는 직접적인 전투뿐 아니라 다양한 범위에 걸쳐 여러 형태로 발생하고 있다.

그렇다면 우리나라가 러시아와 우크라이나에서 원유나 천연가스, 곡물 등을 직접 수입하는 양이 많을까? 그렇지 않다. 그런데 우리나라 물가는 왜 뛴 것일까? 전 세계의 경제는 결국 다 이어져 있기 때문이다. 직접적으로는 전쟁이 일어난 곳과 가까운 유럽의 물가가 영향을 받았지만, 부족한 물량을 서로 챙기면서 세계 원자재 시장에 공급이 부족해졌고, 이로 인해 우리나라까지 영향을 받게 된 것이다.

유가가 급등하자 미국의 바이든 대통령은 사우디아라비아로 가서 증산을 요구했으나 보기 좋게 거절당하고 말았다. 세계 각국은 미국의 경제제재로 인해 러시아 경제가 금방 무너질 것으로 전망했지만, 중국과 인도가 러시아산 원유를 싼값에 사들이면서 나름 잘 버티는 중이다. 전쟁 직후 미국의 경제제재 발표로 급락했던 러시아 루블Ruble화의 가치는 드라마틱하게 회복되어 2022년 하반기까지 전쟁 이전보다 강세를 유지했다.

러시아와 우크라이나의 전쟁은 오늘날의 세계가 무역으로 얼마나 밀접하게 연계되어 있으며, 세계 각국이 서로에게 얼마나 필요한 존재인지를 극명히 보여준다. 나아가 자국의 이익을 위한 물밑 작업이 얼마나 치열하게 이뤄지고 있는지도 엿보인다. 우리나라 경제는 무역 없이 현재의 수준을 유지하는 것이 불가능하다. 우리 경제를 잘 이해하기 위해서라도 다른 나라에 관심을 가져야 하는 이유가 여기에 있다.

7

경제주체의 눈으로 보는
우리 경제

핵심 개념

고용률
만 15~64세의 생산 가능 인구 중에서 취업한 사람들의 비율을 말한다. 취업률과 같은 의미로 사용된다. 반대되는 개념으로는 실업률이 있다. 이때 실업자는 노동할 의지와 능력이 있으나 일자리가 없어 실업 상태에 놓인 사람들을 가리킨다.

사회간접자본
간접적으로 여러 생산 활동에 기여하는 자본이다. 흔히 영문 약자인 'SOC'라고 부른다. 대표적인 사회간접자본으로는 도로, 철도, 항만, 통신, 전력 등이 있다.

핀테크
금융과 IT 기술이 결합된 서비스를 말한다. 그런 서비스를 제공하는 회사를 가리키기도 한다. 인터넷 뱅킹, 페이 서비스 등이 핀테크의 일종이다.

경제를 읽을 때
가장 중요한 것은 관점

이번 장에서는 경제 기사를 보는 시각에 대해서 이야기를 하고자 한다. 1장에서 설명했듯 대표적인 경제주체로는 가계, 기업, 정부가 있다. 외국까지 포함해 4주체로 보기도 하지만, 이 책에서는 3주체를 집중적으로 살펴볼 생각이다. 3주체가 서로 어울려 각자의 역할을 제대로 수행할 때 경제가 원활히 움직인다. 그러니 이 3주체가 서로 자주 만나 대화를 나누면 좋겠으나, 그런 일은 드물다. 대신 기사를 수단으로 삼아 서로의 의사를 전달한다. 최근에는 SNS를 활용하기도 하지만 아직은 기사나 뉴스가 보다 정돈된 정보를 전해준다. 기업이나 정부 기관의 SNS를 일일이 팔로우하고 그들이 올리는 소식들을 모두 살펴가며 정보를 습득하는 사람보다는 관심 있는 주제와 관련된 뉴스나 기사를 검색해보는 사람이 더 많은 것만 봐도 알 수 있다.

경제 기사가 무조건 좋은 것은 아니다

기사의 장점은 뭐니 뭐니 해도 쉽고 정제된 정보를 얻을 수 있다는 것이다. 정부나 기업이 발표한 보도자료는 원문 그대로 읽기에 매우 어렵다. 정부나 기업은 쉽게 전달하는 것보다 정확하게 전달하는 것을 우선시하기 때문이다. 읽는 이가 이해하기 쉽도록 빗대어 표현하거나 전체 중 하나를 골라 이야기하다가 오해하는 사람이 생기면 곤혹스러워진다.

기사라고 해서 무조건 좋은 것만은 아니다. 단점도 분명하다. 쉽게 풀어 쓰다 보니 정부나 기업이 원하던 바와 다르게 받아들여질 수 있다. 사실 이는 기자와 미디어의 능력에 달려 있다고 봐야 한다. 그런데 실시간으로 기사를 올리고 읽는 모바일 시대가 되면서 기자와 미디어의 정제 기능이 현저히 떨어져버렸다. 어쩔 수 없이 읽는 이가 스스로 고르고 걸러서 읽어야 한다. 이때 읽는 이의 읽는 능력이 부족하면 왜곡된 내용이 퍼질 수 있다.

미디어가 특정 주체의 이익과 연결된 경우도 있다. 신문을 예로 들어보자. 신문의 구독률은 계속해서 빠르게 줄고 있다. 구독률의 감소는 광고 효과의 감소라고 봐도 된다. 광고주가 신문사에 돈을 내고 신문에 광고를 내도 그 광고가 미치는 영향력이 이전만 못한 것이다. 이런 상황에서 일부 신문사들은 영향력을 유지하기 위해 특정 기업이나 공공기관이 원하는 내용을 과장하거나 자극적으로 포장하여 보도하기도 한다. 기자와 미디어가 저널리즘의 전통적 역할에 충실하기보다 이용자들의 관심을 끄는 데 집중하여 두게 되는 무리수다. 심지어 이익을 위해 일부러 기사를 어느 한쪽에 유리하게 작성하기도 한다. 따라서 기사를 읽는 사람들은 더욱 예민하게 기사를 볼 필요가 있다.

"우리 가족 인생 끝장났습니다"…집값 하락에 욕먹는 부동산 유튜버들(《KBS》, 2022.10.29.)

위의 기사는 집값이 치솟을 때는 합격 비결을 알려주는 일타강사 같은 대우를 받다가 부동산 시장이 하락세를 보이자 바로 사이비 교주처럼 취급받는 유튜버들에 대한 것이다. 본래 일반 사람들이 새로운 정보를 얻기에 가장 쉬운 매체는 신문이었다. 그것이 시간이 흐르면서 포털 사이트에 뜨는 온라인 기사로 바뀌었다가,

최근에는 이를 영상으로 설명해주는 유튜브로 대체되고 있다. 이미 20~30대 젊은 층은 포털 사이트가 아닌 유튜브를 주된 검색 창구로 사용한다. 또한 이들이 정보를 얻는 유튜브 채널이 기존 미디어에서 운영하는 채널에서 유명 인플루언서의 채널로 바뀌고 있다는 점도 눈여겨볼 만하다.

텍스트와 이미지로만 구성된 텍스트 뉴스나 겉핥기 수준의 정보만 담긴 영상 뉴스와 달리 충분한 시간을 들여 친근한 말투와 표현으로, 다채로운 화면 구성을 더해 설명해준다는 것이 유튜브의 장점이다. 텍스트 뉴스와 비교했을 때 정보 해석을 위해 들여야 하는 노력이 거의 들지 않는 데다가, 알고리즘이 알아서 이용자가 관심 가질 만한 것을 계속 추천해준다. 이용자는 클릭만 몇 번 하며 고개를 끄덕거리면 된다.

반면, 단점도 분명히 존재한다. 스스로 정보를 해석하고 그 해석이 맞는지 검증하는 능력을 상실하게 만든다. 이를 두고 유튜브의 알고리즘 탓만 할 수는 없다. 조회 수를 기반으로 수익을 내는 유튜브 구조상 사람들의 관심을 끌기 위해 자극적이고 과장된 콘텐츠를 만드는 유튜버들이 등장하기 마련이다(물론, 우수하고 유익한 양질의 유튜브 채널도 있다). 이용자들은 자극적인 콘텐츠에 이끌리기 쉽고, 그 과정에서 특정 유튜버들의 영향력이 커지는 것이다.

유튜브를 좋은 정보의 창구로 활용할 수 있는지 없는지는 그 정보를 듣고 판단하는 이용자에게 달려 있다. 왜곡되거나 과장된 정보를 잘 걸러 들으려면 알고리즘이 추천해주는 대로만 따라갈 것이 아니라, 다양한 관점의 채널들을 두루두루 살펴봐야 한다. 낚시성 제목과 화려한 영상에 현혹되면 판단력이 흐려진다. 어떤 채널에서 어떤 이야기를 듣고 결정했든 그 결과로 영향을 받는 것은 그 유튜버의 재산이 아닌 '나'의 재산임을 기억해야 한다. 앞으로도 유튜브의 영향력은 줄어들지 않을 것으로 보인다. 그러니 더욱 냉정하게 유튜브를 바라봐야 한다.

경제는 심리전이다

인간의 심장과 두뇌가 0과 1의 이진법을 따르는 디지털 방식으로 움직인다면 데이터만 보고 판단을 내릴 수 있을 것이다. 하지만 우리의 몸에는 피가 흐른다. 어떤 때에는 흥분하여 피가 솟구치고, 또 어떤 때는 심장박동이 잦아들며 차분해진다. 그렇다 보니 완전히 이성적으로, 감정을 배제한 채 행동하기란 쉽지 않다.

동일한 경제 기사를 보더라도 사람들은 저마다 다르게 반응한다. 기사에서 이끄는 대로 따라가는 사람들도 있고, 그렇지 않은 사람들도 있다. 앞으로 경제가 동쪽으로 움직일 것이라는 기사가 나왔을 때, 실제로 동쪽으로 움직이지 않았음에도 기사를 읽은 많은 사람들이 동쪽으로 쏠린다. 반대로 '기사에서 동쪽으로 움직인다고 했으니 나는 서쪽으로 가야겠다'라고 생각하는 사람이 많으면 오히려 서쪽으로 쏠리기도 한다.

예를 드느라 동쪽과 서쪽을 이야기했지만, 사실 경제는 한 방향으로 움직이지 않는다. 그래서 사람들은 각자의 입장과 환경, 시점 등에 따라 수많은 의견을 내놓을 수 있다. 이때 가장 어리석은 사람은 자신의 위치나 목표와 상관없이 무조건 기사의 주장에 동조하거나 반대하는 사람이다. 경제 뉴스나 기사를 대할 때는 항상 이 점을 유념하길 바란다.

이제 본격적으로 경제의 세 주체들이 민감하게 여기는 주제들을 다뤄보려 한다. 어느 한 주체의 편을 들 생각은 없다. 여러분이 이 책을 모두 읽었을 때 얻어갔으면 하는 것은 자신의 위치에 맞게 기사를 해석하고 문제에 대처하는 능력, 딱 그것뿐이기 때문이다.

생계와 직결되어 더욱 중요한
고용과 취업

경제는 3주체가 어우러져 돌아가는 것이니 당연히 경제 뉴스와 기사에는 이 3주체가 끊임없이 등장한다. 그렇다면 기사에서는 3주체를 어떻게 표현할까? 같은 주제를 이야기하더라도 어떤 입장에서 말하느냐에 따라 다르게 서술된다. 정부는 주로 정책에 관련된 이야기가 나올 때 등장한다. 정부 기관의 입장에서 쓴 기사에서는 보통 홍보를 위해 장점을 부각한다. 정책에 문제를 제기하는 입장에서는 단점에 중점을 둔다.

기사에 가장 많이 등장하는 것은 기업이다. 수출, 신기술, 무역

성과 등을 다룬 기사들은 대부분 기업에 관련된 것이다. 정부와 사이가 나쁜 미디어의 기사에는 정부의 도움을 받는 기업보다 정부(정책) 때문에 피해를 입은 기업들이 더 많이 거론된다. 정부와 사이가 좋은 미디어에는 당연히 이와 반대되는 기사가 실린다. 대체적으로 정부와 미디어는 늘 긴장 관계에 있다. 정부를 칭찬하는 기사가 많지 않은 이유 중의 하나다.

가계는 대체로 피해자 입장으로 등장한다. 특히 경제가 좋지 않을 때는 더욱 그렇다. 기사가 정부나 기업을 저격하고자 하는 경우 국민, 서민, 자영업자, 월급쟁이 등으로 대표되는 가계는 열심히 일했음에도 뒤통수를 맞는 집단으로 자주 오르내린다.

3주체 중 어느 쪽에 설지는 기사를 읽는 사람의 판단에 달렸다. 자신의 위치와 상황에 따라 냉정하게 기사를 읽고, 어느 쪽에 힘을 실어줄지(정치적 선택) 결정해야 한다. 나아가 투자와 같은 경제 활동의 방향을 어떻게 잡을지(경제적 선택)도 고민해야 한다.

모두가 주목하는 일자리 문제

돈을 버는 것은 매우 중요한 일이다. 가계가 소득을 기반으로 소비 행위를 해야 국가 경제가 원활히 돌아간다. 기업은 소비를 하는 가계를 대상으로 매출을 올려 이윤을 얻는다. 정부도 마찬가지다. 소득을 얻은 가계와 이윤을 남긴 기업이 세금을 내야 정부가 나라를 잘 운용할 수 있다. 그렇기 때문에 '일자리'는 3주체 모두에게 아주 민감한 이슈다.

'일자리' 가장 시급…'경제 양극화' 심각

《노컷뉴스》, 2022.12.19.)

문화체육관광부에서 조사한 '2022년 한국인의 의식·가치관 조사'에서 우리나라 국민들은 우리 사회가 가장 우선적으로 해결해야 할 문제로 '일자리(29.0%)'를 꼽았다. 이어서 '빈부격차'(20.0%), '부동산·주택'(18.8%), '저출산·고령화'(17.4%) 순이었다. 결국 경제의 3주체 중 가계는 '먹고사는 문제' 해결이 중요하고, 그 중에서도 '소득'을 얻을 수 있는 일자리에 가장 관심을 보인다는 사실을 알 수 있다. 벌이에서 차이가 나고 내 집이 없을지언정, 우선은 벌이가 있어야 한다는 매우 근본적인 요구다.

"역대 고용 한파 온다"…채용 줄이고 희망퇴직 받는 기업들

《연합뉴스》, 2022.12.20.)

어려웠던 2022년과 경기 침체가 예상되는 2023년을 앞둔 기업

의 생각은 이와 반대된다. 예시의 헤드라인은 생존과 이익을 위해 채용을 줄이고, 기존 직원들에게 희망퇴직 의사를 묻는 기업들이 늘어나는 현상을 다루었다. 취업을 준비 중인 취준생과 퇴직의 압박을 받는 직원들 입장에서는 매우 섭섭하고 안타까운 일이지만, 기업의 입장에서는 위법 행위만 없다면 효율적인 선택이다. 매정하게 보일 수도 있으나 기업에게는 손해를 보면서 국민의 안정적인 삶을 지켜줘야 하는 의무가 없다. 그것은 정부의 몫이고, 기업 철학의 영역이다.

고용보험 25억 '줄줄'…"월급 받으면서 실업급여 또 탔다"
《머니투데이》, 2022.12.14.

또 다른 기사를 살펴보자. 고용보험이란 실직한 근로자의 생활 안정을 위해 실업급여를 지급하고 이들이 다시 일자리를 찾도록 도와주는 사회보장제도로, 국민연금, 건강보험, 산재보험과 함께 일명 '4대보험'이라고 불린다. 즉, 정부의 영역이다. 위 기사는 근로소득이 있는 사람이 실업급여를 받아갔는데, 그 총금액이 25억 원에 달한다는 내용을 다루고 있다. 기업과 달리 정부는 이익을 최우선으로 삼지 않는다. 대신 정부에게는 세금을 제대로 걷고 사용해야 할 책임이 있다. 실업급여가 필요하지 않도록 취업률을 높이는 것이 더 근본적인 해결책이기 때문이다. 고용보험 외에도 정부는 취업률을 높이기 위해 여러 가지 지원 정책을 시행한다. 직접적으로는 공무원 정원을 늘리거나 공공사업을 펼치는 방법이 있고, 간접적으로는 취업을 늘린 기업들에게 세금 감면이나 보조금 지급의 혜택을 주는 방법 등이 있다.

우리나라의 일자리 상황

대·중소기업은 일자리 양극화…소상공인은 고용 여력 無
《뉴스1》, 2022.12.13.)

경기의 좋고 나쁨에 따라 일자리 상황 역시 달라진다. 고용 문제와 관련된 경제 기사들에서 자주 활용되는 지표로는 실업률과 고용률이 있다. 실업률은 구직 의사가 있으나 취업하지 못해 계속해서 구직 활동 중인 사람들의 비율을 가리킨다. 고용률은 15세 이상의 인구 중 취업자의 비율을 말한다. 이 두 가지 지표를 함께 봐야만 전반적인 일자리 상황을 이해할 수 있다. 보통 실업률과 고용률은 반대로 움직인다. 예를 들어, 실업률이 낮아지면 구직 의사가 있는 사람들이 일자리를 구하는 데 성공한 것이므로 고용률이 올라가게 된다. 두 지표를 함께 봐야 하는 이유는 예외적인 상황들이 있기 때문이다. 취업을 포기하는 사람들이 늘어날 경우 실업률과 고용률이 모두 낮아지는데, 이런 상황에서는 종합적인 해석이 필요하다.

예로 든 기사는 현재의 일자리 상황을 요약해 보여주고 있다. '일하고 싶다'는 구직자들이 많은데 '일할 사람이 없다'며 하소연하는 기업들도 많다. 일할 사람이 필요한 곳에 일하고 싶은 사람이 가면 간단히 해결될 것 같지만, 사람들이 가지 않는다. 왜 그럴까? 그 해석은 각자의 입장에 따라 다르다. 구직자들이 중소기업으로 향하지 않는 것은 '임금 격차' 때문이다. 열심히 일해도 시간이 갈수록 임금의 차이가 계속 벌어지니 취업이 더 늦어지더라도 대기업에 가는 것이 낫다고 생각하는 것이다. 편의점이나 식당 같은 소상공인들이 사람을 구하기 더 어려운 것도 같은 맥락에 있다. 이런 사업장은 '최저임금' 이상을 기대하기 힘들거나 일명 '3D 업종'으로 취급되어 구직자들이 기피한다. 구직자 입장에서만 보면 일한 만큼 돈을 받지 못하기 때문에 가지 않는다고 볼 수 있다. 하지만 기업의 입장에서는 그만큼 돈을 줄 여유가 없고, 소상공인은 아예 직원을 둘 여력 자체가 없다고도 한다. 말하자면 '주고 싶어도 줄 돈이 없는' 상황이다.

이 기사는 임금 양극화를 줄이기 위한 지원금이나 노동시장의 유연화 등 정부의 역할을 요구하는 것으로 마무리된다. 동시에 또 하나의 민감한 문제인 외국인 노동자 고용 제한의 완화도 언급한다. 각자가 먹고살기 위해 나뉘어진 첨예한 입장 차이는 자연스럽게 최저임금, 근로시간, 외국인 노동자, 파업 등의 문제로 연결된다.

정리해보자. 정부에게는 고용과 취업을 늘려 가계를 안정시킬 의무가 있다. 가계는 안정적인 소득을 원한다. 특히, 취업을 향한 취준생들의 열망은 엄청나다. 기업의 입장은 상황에 따라 다르다. 인력이란 자원을 투입해 수익이 커진다면 고용을 늘리려 노력하고, 인력에 들이는 비용이 부담된다면 고용을 줄이려 하기 때문이다. 이렇게 사회적으로 첨예하게 갈리는 문제를 다룬 기사를 볼 때는 나의 입장을 다시 한번 생각해봐야 한다. 내가 취업 또는 고용의 당사자인지, 제3자인지, 투자자인지 등에 따라 입장이 달라지는 것이 자연스럽다.

고용이 해결되었다고
끝이 아니다

어찌어찌해서 취업에 성공했다고 해보자. 모든 문제가 해결된 것일까? 이번에는 '노동 강도'와 '임금'이라는 문제와 직면한다. 이 문제와 관련해서도 3주체의 의견이 첨예하게 갈린다. 그중에서도 가계와 기업은 정반대의 위치에 서 있다. 노동자는 적은 시간 일하고 많은 보수를 받을수록 좋다. 반면 기업은 많은 시간 일을 시키고 적은 보수를 줄수록 좋다. 이렇게 의견이 다르니 노동 문제에서 두 주체가 부딪히는 것은 당연한 일이다.

취업이 해결되었고 임금도 협의했다. 그러면 '세금' 문제가 떠오

세상 친절한 경제상식

른다. 고용과 임금을 놓고 맞서던 가계와 기업이 이번에는 한편이 된다. 이 관계는 전략적 제휴 관계이므로 때에 따라 다시 다투기도 하지만, 세금이 이슈화될 때는 보통 같은 편이 되어 정부가 세금을 많이 떼가면 안 된다고 한목소리로 외친다. 그렇다 보니 세금 문제를 다룬 기사에서 정부는 나쁜 집단으로, 기업과 가계는 불쌍한 집단으로 등장하는 경우가 많다.

임금을 주는 사람과 받는 사람

공무원 월급 두고 "최저임금도 안 돼" vs "시험 줄 섰다"
《SBS》, 2022.09.02.)

위 기사는 노동과 관련된 이슈 중 거론될 때마다 뜨거운 논란을 일으키는 문제에 대한 기사다. 최저임금은 노동자가 안정적인 생활을 영위하고 노동력의 질적 향상을 도모할 수 있도록 국가가 보장하는 임금의 최저 수준을 말한다. 재계와 정계를 막론하고 수년째 설전이 벌어지는 제도라 여러분도 한 번쯤 들어봤을 거라 생각한다.

이 문제에 관해서도 기업과 가계의 입장은 변함없다. 기업은 '일한 것에 비해 더 줄 수 없다'고 말하고, 노동자는 '일한 것에 비해 덜 받을 수 없다'고 말한다. 어느 쪽이 맞는지, 어느 정도가 적정 선인지 가려내기 쉽지 않은 문제다. 그만큼 이 문제들을 바라보는 자신의 관점을 명확히 해야 다음 노선을 정할 수 있다.

자신의 입장을 정한 뒤에는 우리나라 경제가 어느 쪽으로 흐를 지 따져볼 필요가 있다. 정말 최저임금을 올렸다고 대한민국 경제 가 어려워질까? 그렇다는 쪽으로 생각이 기운다면 경제 전망이 좋 지 않은 것으로 판단하고 투자 전략을 수정해야 한다. 기업의 말 과는 달리 최저임금이 기업 운영에 큰 타격을 입히지 않는다면 어 떨까? 이 경우에는 경제가 어려워지지 않고, 오히려 최소한의 안전 판을 가진 가계가 늘어나면서 소비가 증가하여 경기가 좋아질 것 으로 판단할 수 있다. 따라서 이에 맞춰 투자 전략을 세우면 된다.

더 일해야 할까? 덜 일해야 할까?

더 일하는 게 좋을까, 덜 일하는 게 좋을까? 아마도 이 질문에 대 한 답은 각자의 마음속에 이미 가지고 있으리라 생각한다. 근로자 라면 적게 일하면서 (적어도) 현재 받는 수준의 임금을 유지하고 싶을 것이고, 사용자라면 인건비가 좀 더 들더라도 더 오래 일을 시켜 매출을 높이고 싶을 것이다. 그러니 이 문제는 출발부터 평행

선인 것이나 마찬가지다. 그러니 이 문제를 두고 우리가 따져야 할 것은 어느 주장이 더 설득력 있는지, 어느 주장이 현재 상황에 더 타당한지, 어느 주장이 우리가 지향해야 할 방향인지다.

추경호 "주 52시간 삶의 질 저하"…8시간 추가근로 일몰 연장 촉구(《MBN》, 2022.12.20.)

위 헤드라인에서 언급된 '추경호'는 2022년 12월 현재 대한민국의 경제부총리 겸 기획재정부 장관이다. 말하자면 '나라 살림'의 책임자인 것이다. 이어서 '주 52시간 근무제'를 다뤘다. 이는 2018년에 도입한 근로 제도로, 근로자들이 일주일간 최대 52시간만 일하도록 제한한다. 단, 갑자기 시행하면 사회 곳곳에서 문제가 일어날 수 있어 한시적인 유예 기간을 두었다. 2022년 말까지 30인 미만 사업장에 한해 8시간 추가근로를 가능하게 한 것인데, 기사의 '일몰 연장'이라는 표현으로 이 유예 기간의 연장을 가리킨다. 즉, '주 52시간보다 더 일할 수 있게 하자'라는 것이 정부 측 주장의 요지다. 근로 제도와 관련해 요즘 많이 거론되는 '주 69시간 근무제'와 세부 내용은 다르지만 더 오래 일하자는 '방향성'은 동일하다.

앞서 근로자와 기업의 입장에 대해서는 살펴봤으니, 이번에는 정부가 이와 같이 주장하는 이유를 알아보자. 정부가 주장하는 근거의 핵심은 주 52시간 근무제로 인해 삶의 질이 낮아진다는 것이다. 일하는 시간이 줄었는데 삶의 질이 떨어진다니, 앞뒤가 맞지 않는 말 같다. 이럴수록 더 자세히 들여다봐야 한다. 적게 일하면 임금도 줄어드니 실질 소득이 감소하고, 줄어든 실질 소득을 메꾸려면 다른 일을 해야 하니 결과적으로 일하는 시간이 더 늘어나 삶의 질이 오히려 떨어진다는 논리다. 나아가 중소기업은 갑자기 사람을 더 고용해야 하니 부담이 늘어나고, 납기일을 맞추고자 무리하게 일을 시키다 보면 자칫 근로기준법을 위반할 수도 있다는 내용도 포함된다. 주 69시간 근무제를 사이에 둔 논쟁 역시 큰 틀은 같다. 기존 주 52시간 근무제를 기반으로 하되, 연장근로 시간의 관리 단위를 주에서 월, 분기 등으로 변경하자는 것이다. 이 경우 주당 최대 69시간까지 일하는 것이 가능해진다. 일이 많을 때 집중적으로 일하고 적을 때는 조금 덜 일하도록 유연화하면 기업들의 부담을 줄이는 동시에 근로자들의 삶의 질 또한 보장할 수 있다는 게 정부의 주장이다. 이러한 주장들을 볼 때는 각자의 입장에서 먼저 생각해보고, 전반적인 경제 상황에 미치게 될 영향에 대해서도 고려해봐야 한다.

세금, 더 걷어야 할까? 덜 걷어야 할까?

세금을 더 걷는 것을 증세, 세금을 덜 걷는 것을 감세라고 한다. 지역과 시대, 사회적 위치 등을 막론하고 누구나 증세는 싫어하고 감세는 좋아한다. 세금 관련 기사를 읽을 때는 이와 같은 기본적인 정서를 충분히 감안해야 한다. 또한 세금을 많이 걷는 것, 혹은 적게 걷는 것에 지나치게 중점을 두어서는 안 된다. '제대로' 걷고 쓰는 것에 집중해야 한다. 세금을 적게 걷어도 엉뚱하게 사용하면 낭비이고, 많이 걷어도 적절하게 사용하면 합당하다. 그런데 이 '제대로'의 기준이 사람마다 달라서 늘 다툼이 생긴다.

'국가 경쟁력일까, 부자 감세일까'…예산안 발목 법인세 인하 '팽팽'(《뉴스1》, 2022.12.12.)

위 기사를 구체적으로 들여다보기에 앞서 일반적인 프레임부터 살펴보자. 프레임이란 어떤 사항에 특정한 단어나 상황의 '틀frame'을 씌워 정의 내리는 것을 말한다. 이렇게 프레임을 씌울 경우 아주 단순하고 간결하게 상황을 볼 수 있어 사람들을 이해시키기 쉽다는 장점이 있으나, 쉽게 이해되는 만큼 그 프레임이 실제와 다르더라도 바로잡기 어렵다는 단점도 있다.

2022년 하반기, 대한민국 정부에서 추진한 과제들은 '어떻게든 경기를 살려야 한다'라고 요약할 수 있다. 경기를 살리기 위해 시도한 여러 정책 중 하나가 '법인세 인하'다. 간단히 설명하자면 주식회사로 대표되는 대부분의 기업들이 곧 '법인'이고, 일반 근로자들이 소득세를 내는 것처럼 이 법인들은 이익이 생겼을 때 법인세를 내야 한다. 다시 말해, 법인세를 인하하겠다는 말은 결국 기업들의 이익이 늘어난다는 것을 의미한다. 이때 기업의 이익이 늘어난 대신 누군가의 수입은 줄어든다. 직접적으로는 정부가 될 것이다. 예로 든 기사는 정부의 내년 살림살이 계획인 '예산안'을 두고 여당과 야당이 다투는 상황을 이야기하고 있다. 중요한 것은 다툼의 이유다. 여기서 우리는 프레임을 고려해야 한다. 예산안과 세금은 다루는 금액의 단위가 아주 크고, 그 효과를 정확히 알기 힘들며, 언급되는 용어나 명칭도 어렵다. 따라서 각 입장을 대표하는 문장이나 단어로 주장을 강조한다. 즉, 프레임을 씌우는 것이다.

정부 편에 있는 여당 측 주장의 핵심은 '국가 경쟁력'이다. 기업들의 세금을 낮춰 부담을 줄여주면 더욱 경쟁력을 갖출 수 있고, 그 결과 우리나라 경제가 전반적으로 성장한다는 것이다. 세계경제가 불황을 겪고 있는 가운데 우리 기업들이 발돋움할 수 있도록 돕는다면 더욱 크게 성과를 내어 국민들이 혜택을 받게 될 것이라고 이야기한다.

반대편에 있는 야당 측 주장의 핵심은 '부자 감세'다. 이미 많은 돈을 벌고 있는 대기업의 세금을 줄여준다고 해서 국민들에게까지 혜택이 돌아가는 것은 아니라는 것이다. 현재 우리나라의 실효세율(실제 부담하게 되는 세율)은 다른 나라에 비해 높지 않은 데다가, 세율만 낮춘다고 해서 우리나라 기업이 해외로 나가거나 해외기업이 우리나라에 투자하지는 않는다는 게 주요 논지다.

양측은 국가 경쟁력을 높여 공동체의 이익이 신장된다는 논리와 일부 가진 자들만을 위한 혜택이란 논리로 팽팽히 맞서고 있다. 기사를 읽는 사람들은 이 같은 프레임으로 전체 그림을 쉽게 그려볼 수 있지만, 이 프레임이 얼마나 타당한 것인지는 다른 문제다. 따라서 세부 내용을 더 자세히 살펴봐야 한다.

정부가 세금으로 하는 일

美 의회, 연방정부 예산안 '초당적' 합의…반도체 강화 포함

《아시아경제》, 2022.12.21.)

정부의 궁극적인 역할 자체는 어느 나라나 동일하다. 어떤 나라든 국익과 국민을 위해 세금을 사용한다. 다만 어디에 힘을 더 주느냐의 차이는 존재한다. 이에 따라 '경기 부양 정책'과 '경기 안정

정책'을 구분할 수 있다. 정부의 씀씀이는 규모가 매우 크기 때문에 어느 쪽에 집중하느냐에 따라 실물 경제에 미치는 영향이 달라진다. 그래서 이번에는 세계에 가장 큰 영향을 미치는 정부라고 할 수 있는 미국의 정부가 세금을 어떻게 사용하는지 살펴보는 기사를 예시로 가져와보았다.

앞서 정부의 살림 계획을 예산안이라고 부른다고 설명한 바 있다. 삼권분립인 나라에서는 정부를 견제하기 위해 의회에서 그 예산안을 심사하고, '의결'이라는 과정을 거쳐 최종 승인한다. 부부 중 한 명이 '내년에 집을 사겠어'라고 하면 다른 한 명이 '좋아. 같이 허리띠를 졸라매자'라고 하는 것과 비슷하다. 우리나라와 마찬가지로 미국에서도 협상 과정은 지연되기 일쑤다. 법적으로 정해진 기한이 될 때까지 서로 밀고 당기기를 반복한다. 끝끝내 합의가 이뤄지지 못해 '셧다운(업무 정지)' 상황에 이를 때도 있다.

최근 발표된 미국의 2023년 총예산은 1조 7천억 달러로, 한화로는 약 2,200조 원이나 될 만큼 엄청나다. 그중 절반인 8,500억 달러를 국방비로 편성했고, 그 외에 우크라이나 대상의 긴급 군사 지원에 약 450억 달러, 자연재해 지원 명목으로 약 380억 달러 등의 항목이 포함되었다. 우리나라가 관심 가질 만한 것으로는 미국 내 반도체 제조 강화 내용도 있고, 작게는 미국 정부에서 사용하는 전자기기에서는 중국의 동영상 플랫폼 틱톡 사용을 금지하는 내용도 있다.

이 예산안을 토대로 미국 정부는 2023년에 '군사력', '우크라이나', '경제적 약자 지원', '미국인의 일자리', '중국 견제' 등에 힘을 쏟을 것으로 예상해볼 수 있다. 이처럼 정부는 특정 영역에 세금을 더 쓰거나 덜 씀으로써 정부의 정책을 추진해나간다. 세금이 많이 투입되는 영역은 활성화되고, 세금이 줄어든 영역은 침체된다. 그 영역에 종사하는 사람에게는 밥줄이 왔다 갔다 할 만큼, 정부의 정책과 세금 운용은 중대한 일이다.

이는 우리가 경제 기사를 읽을 때 자신의 입장을 파악하고 있어야 하는 또 다른 이유이기도 하다.정부의 세금이 어디에 집중되는지에 따라 그 혜택이나 피해를 직접적으로 볼 수도 있고, 드라마 속 연기자를 평가하듯 "이건 잘했고, 저건 좀 못했네" 하며 멀찍이 떨어져 있을 수도 있기 때문이다.

우리들의
'유리지갑' 이야기

지금부터는 가계 중에서도 월급쟁이들의 이야기를 해보려 한다. 흔히 월급쟁이의 소득을 '유리지갑'이라고 부른다. 속이 투명하게 들여다보여 세금을 가져가기 좋아 붙은 별명이다. 월급쟁이를 다른 말로 하면 근로소득자다. 국세청에 따르면, 오늘날 우리나라의 근로소득자는 약 2천만 명에 달한다(2021년 귀속 근로소득 연말정산자 기준). 대한민국 인구를 약 5,200만 명이라고 할 때 거의 40%를 차지하는 셈이다. 아마 이 책을 읽고 있는 여러분 중 대다수가 근로소득자이거나 예비 근로소득자일 것이다.

근로소득자도 다양한 계층으로 구성된다. 그 계층들을 하나씩 살펴보고, 우리의 '유리지갑'을 현명하게 사용하는 방법을 알아보자. 나아가 우리의 일상과 밀접한 금융의 변화에 대해서도 간략히 다룰 예정이다.

같은 월급쟁이인데 다른 이유

작년 직장인 평균 연봉 4,023만 원⋯'억대 연봉' 100만 명 돌파
《연합뉴스》, 2022.12.07.)

직장인의 평균 연봉에 대한 기사는 종종 등장한다. 흔히 숫자만 보고 내 연봉이 평균보다 높으면 기뻐하고, 낮으면 슬퍼하곤 하는데, '평균'이라는 단어에는 여러가지 의미가 들어 있기 때문에 이를 너무 중요시할 필요는 없다. 일단, 위의 기사는 2022년에 발행된 것이기 때문에 헤드라인에서 말하는 '작년'은 2021년이다. 2021년은 경기가 꽤 좋았기 때문에 주식 등에 투자해서 이익을 얻은 사람들이 꽤 많다. 이처럼 기준 시점부터 파악하고 그 시기의 경제 상황을 고려하여 판단해야 한다.

평균 연봉이 4천만 원이라고 해서 이를 정말 '중간'이라고 여겨

서는 안 된다. 예시의 헤드라인에서도 언급되었듯, 억대 연봉을 받는 사람이 무려 100만 명 이상이다. 전체 근로자 수가 약 2천만 명이기 때문에 억대 연봉을 받는 112만 명은 대략 6%에 해당한다. 헤드라인에 나오지는 않았지만, 이 기사의 본문에는 근로소득세를 내지 않을 만큼 소득이 적은 사람이 약 700만 명(35%)이나 된다는 내용도 들어 있다.

또한, 이 기사에는 종합소득세를 납부한 사람의 수에 대해서도 다루었다. 종합소득세란 근로소득(≒임금), 이자소득, 배당소득, 임대소득, 연금소득 등 소득이 종합적으로 있는 사람이 내는 세금을 말한다. 2021년에는 약 950만 명이 종합소득세를 납부했다. 만약 근로소득자 중 임대업을 겸업하여 임대료를 받거나, 예금이자 또는 주식 배당금을 많이 받는 사람이라면 종합소득세를 내지만 그 소득이 근로소득으로 분류되지 않아 평균 연봉에 반영되지 않는다. 특히, 주식을 사고팔아 얻은 이익은 소득으로 잡히지 않는다. 특이하게도 이 기사에는 지역에 대한 이야기도 나온다. 서울, 세종, 울산에 거주하는(정확히는 주민등록상 주소지가 이 지역인) 사람들의 연봉이 상대적으로 높았고 강원과 제주에 거주하는 사람들의 연봉은 낮았다.

이렇듯 근로소득은 그 편차가 매우 크고, 지역별로 다르기도 하며, 연봉 외 소득 여부에 따라서도 달라진다. 때문에 우리는 평균 연봉이라는 말에 집착할 필요가 없다. 나아가 연봉의 편차가 크게 나는 이유 중에는 '경력'의 차이도 있다.

작년 가구 평균 소득 6,400만 원…40·50대 4분의 1은 1억 원 이상(《연합뉴스》, 2022.12.01.)

위의 헤드라인만 보면 현재 우리 집의 소득이 6,400만 원이 되어야 평균이고, 가구주가 40~50대인 가구 넷 중 하나는 무조건 1억 원 이상의 소득을 번다고 생각할 수 있다. 하지만 기사 본문을 찬찬히 살펴보면 그렇지만은 않다는 것을 알게 된다. 가장 먼저 봐야 하는 문제는 시점이다. 2021년에 조사한 결과를 2022년 말이 되어서야 발표했고, 이를 기사에 활용했다. 발표가 늦었다고 지적하는 것이 아니다. 이 조사는 우리나라의 전체 가구를 대상으로 하는 대규모 조사이므로, 조사와 그 분석 및 정리에 오랜 시간이 걸릴 수밖에 없다. 문제는 2021년과 2022년의 경제 상황이 매우 다르다는 것이다. 2021년까지는 부동산 가격과 주가가 엄청나게 올랐지만, 2022년이 되며 경기가 급속히 가라앉았다. 이처럼 '작년', '평균' 등의 단어가 제목에 들어간 기사를 볼 때는 언제를 기준으로 하는지 확인하는 습관을 갖는 것이 좋다.

이 기사에서 눈에 띄는 부분은 '중앙값'이 등장한다는 것이다.

평균은 자료를 모두 합산하여 이를 자료의 개수로 나눠서 계산하는 것이고, 중앙값은 자료를 크기 순서대로 배열했을 때 가운데에 위치하는 값을 가리킨다. 예를 들어 10명 중 9명은 1원을, 나머지 1명은 11원을 번다면 평균은 2원이지만 중앙값은 1원이다. 그래서 빈부의 격차가 클수록 평균이 현실을 왜곡하게 된다. 이 기사에서도 가구당 평균 소득은 6,400만 원이지만, 중앙값은 5천만 원으로 그 차이가 상당하다.

소득의 구성비를 보면 소득이 1천만 원 이상 3천만 원 미만인 가구가 전체의 23.2%로 가장 많았는데, 이 중 가구주의 연령대가 29세 이하인 경우가 42%, 60세 이상이 36%였다. 젊거나 나이 든 가구주가 거의 80%를 차지한 것이다. 반면에 소득이 1억 원이 넘는 가구는 전체의 17.8%다. 이 중 가구주가 40~50대인 가구는 약 50% 정도 된다. 결국, 이제 막 돈벌이를 시작한 젊은 층과 은퇴한 노년층의 소득은 적고, 회사에서 고참이나 임원급에 해당되는 중년층의 소득은 많은 것이다. 뿐만 아니라 수익을 얻는 방법도 봐야 한다. 1천만~3천만 원의 소득을 얻는 가구의 가구주 중 약 40%는 임시직 또는 일용직에 종사한다. 1억 원 이상 버는 가구의 가구주 중 약 28%가 상용직인 것과 대비된다. 임시 또는 일용직이다. 흔히 쓰는 말로 표현하자면 정규직은 소득이 많고, 비정규직은 소득이 적다는 것이다.

기사 본문을 하나하나 뜯어봤을 때, 그 내용은 무척이나 상식적이다. 사회에 진출해서 오랜 기간 정규직으로 일한 가구주의 가구 소득은 높고, 비정규직으로 일하거나 사회 진출 기간이 짧은 가구주의 가구 소득은 낮다. 기사 제목에도 잘못된 점이 없다. 그럼에도 이렇게까지 자세히 살펴보는 것은 '평균'이라는 단어가 들어간 기사 제목은 그냥 흘려 읽으면 안 되며, 그 내용을 꼼꼼히 들여다봐야 제대로 이해하고 판단할 수 있음을 강조하고 싶어서다.

재테크 관련 기사를 대하는 자세

사실 앞에서 소개한 월급쟁이 관련 기사들은 단편적인 정보 습득이나 단순한 호기심 충족 정도의 기능밖에 하지 못한다. 그래서 개인적으로는 여러분이 이런 기사들에 너무 많은 의미를 부여하지 않았으면 한다. 평균 연봉, 평균 임금 등의 배경에는 무척 다양한 변수와 요인이 존재한다. 우리가 봐야 할 것은 경기의 흐름, 성장 추이와 같은 실질적인 정보를 제공하고 경제적 판단의 실마리를 제공하는 기사들이다.

카드 소득공제 말고 이것도…연말정산 절세 '꿀팁' 10가지

《뉴시스》, 2022.12.18.)

그렇다면 예시와 같은 재테크 관련 기사들은 실질적인 도움이 될까? 왠지 그럴 것 같다. 조금 김새는 이야기일 수도 있겠지만, 이런 기사들이 매우 실질적인 도움을 주지는 않는다. 설사 기사 제목에 '꿀팁', '비법', '모르면 손해' 같은 표현들이 나왔다고 해도 말이다. 그렇다면 이런 기사들을 볼 필요가 없는 게 아닐까? 그럼에도, 우리는 기사를 봐야 한다. 기사를 보는 것이 보지 않는 것보다 훨씬 많은 것을 얻을 수 있기 때문이다.

뉴스와 기사는 전체 그림을 완성하는 데 필요한 밑그림이라고 생각해야 한다. 무언가를 그리려고 할 때 아무것도 없이 무작정 그리기란 어렵다. 하지만 누군가 그려놓은 밑그림이 있다면 그 위에 나만의 시각과 화풍을 펼치기 훨씬 수월해진다. 기사를 읽는 것은 남의 힘을 빌려 전체적인 윤곽을 잡는 과정이다. 머릿속에 어느 정도의 윤곽이 잡혀 있다면 원하는 구도와 움직임, 강조하고 싶은 것과 피하고 싶은 것을 보다 쉽게 만들어갈 수 있다. 따라서 경제 기사를 먼저 찾아 읽은 뒤, 재테크 상품이나 방법에 대한 세부적인 정보는 커뮤니티 등에서 얻는 것이 효율적이다. 처음부터 세부적인 것들을 접하면 '나무만 보고 숲은 보지 못하는' 전형적인 실수를 범하기 쉽다. 주식 투자를 해본 적이 없는데 다른 사람들의 말만 듣고 그 주식을 산다면 실패할 가능성이 크다. 그런 정보들에는 전체 흐름이 담겨 있지 않기 때문이다. 뉴스에는 전체 흐름, 새로운

세상 친절한 경제상식

트렌드, 자주 발생하는 실수 등을 보여준다. 재테크를 잘하고 싶다면 전체 흐름, 새로운 트렌드, 자주 발생하는 실수 등을 보여준다. 재테크를 잘 하기 위해 기사 읽기는 선택이 아니라 필수다.

새로운 금융의 등장, 알아야 써먹는다

기술은 나날이 발전을 거듭하고 있고, 금융시장도 최신 기술과 함께 변화하는 중이다. 경제 뉴스나 기사를 볼 때뿐만 아니라 일상생활에서도 알아두면 참 좋은 개념들을 간단히 소개하려 한다.

가장 먼저 알아야 할 개념은 핀테크FinTech다. '금융finance'과 '기술technology'를 합친 말로, 이름 그대로 금융 서비스에 IT 기술을 접목한 것을 가리킨다. 간단한 예로 은행 업무를 떠올려보자. 요즘은 종이 통장을 거의 사용하지 않는다. 돈을 이체하기 위해 은행을 방문하는 사람도 많이 줄었다. 대신 인터넷 뱅킹을 이용한다. 스마트폰에 은행 애플리케이션을 설치하기만 하면 웬만한 은행 업무는 모두 처리할 수 있다. 이제 우리에게 아주 익숙해진 기술이지만 이 역시 핀테크의 일종이다. 오프라인 지점을 찾는 사람들이 갈수록 줄어들자 은행들은 이를 점차 줄여가고 있으며, 카카오뱅크, K뱅크, 토스뱅크처럼 아예 오프라인 지점이 없는 인터넷 은행들이 이미 대중화되었다.

이처럼 기술은 인간의 삶에 편리함을 더해주는 동시에 위협이되기도 한다. 그렇다고 기술의 발전을 막을 수는 없다. 기술의 발전은 물이 흐르는 것과 같아서 일단 방향이 잡히면 그쪽으로 흐르게 되어 있기 때문이다. 물결에 맞서기보다는 흐름에 맞춰 변하는것이 옳다. 아직 핀테크의 틀이 완전히 잡히지는 않았다. 경험이많이 쌓이지 않아 시행착오가 많이 발생하고 있고, 당분간 계속그럴 것이다.

요즘에는 금융 계좌를 만들기 위해 은행이나 증권사의 지점을찾아가지 않아도 된다. 스마트폰만 있으면 '비대면'으로 얼마든지새 계좌를 만들거나 금융 거래를 할 수 있기 때문이다. 도입 초기에는 이러한 비대면 금융 서비스는 보안이 취약하다는 문제가 계속 제기되었으나, 은행과 증권사들은 창구에서 직원이 고객의 신분증과 얼굴을 대조하듯 스마트폰의 카메라로 얼굴을 촬영하여본인 확인을 하는 방식 등으로 이를 보완하고 있다. 또한 그동안온라인 금융 거래에 필수적이었던 '공인인증서' 프로세스 역시 훨씬 간략화되는 추세다. 부동산 거래처럼 거금이 오가는 경우에도스마트폰으로 간단히 주고받는 모습이 익숙해졌다.

금융기관들 사이의 경계도 허물어지는 중이다. 최근 금융기관들은 너 나 할 것 없이 자사의 애플리케이션을 통해 '마이 데이터'라는 서비스를 적극적으로 알리며 가입을 유도하고 있다. 마이 데

이터란 간단히 말해 하나의 애플리케이션에서 다른 금융기관의 계좌들을 모두 관리할 수 있는 서비스다. 금융기관의 입장에서는 한 사람의 모든 자산과 비용 흐름을 파악할 수 있어 고객을 더 잘 파악할 수 있고, 보다 적합한 상품을 추천함으로써 수익을 늘릴 수 있다. 이에 이용자는 어느 금융기관을 통해 가입하는 것이 내게 가장 편리하고 도움이 되는지 꼼꼼히 살펴보고 선택하는 것이 좋다. 일반적으로 제공되는 마이 데이터 서비스로는 가계부처럼 지출 내역의 구체적인 분류와 분석, 나의 씀씀이에 가장 유리한 카드 추천, 나의 포트폴리오에 맞춘 투자 상품 추천, 내게 필요한 대출 상품 소개 등이 있다. 여기에 건강 관련 영역까지 범위를 넓혀가는 모습이다.

한편, P2PPeer to Peer 금융 서비스는 어느 정도 법적 테두리 안으로 들어왔다. 기존에는 금융기관이 개인에게 대출을 해주고 이를 관리했지만, P2P 금융은 그 이름의 뜻처럼 '개인과 개인을 직접' 연결해 대출을 진행하게 해준다. 돈을 빌려주는 개인은 투자를 하고, 돈을 빌리는 사람은 대출을 받는 개념이다. 양측 모두 은행을 통한 전통적인 방식보다 유리한 조건으로 이용할 수 있어 P2P 금융 시장이 형성되었다. 돈을 빌려주는 사람은 은행의 예금보다 높은 수익을 기대할 수 있고, 돈을 빌리는 사람은 은행의 이자보다 낮은 이율에 돈을 빌릴 수 있다. 하지만, 그만큼 위험도도 높다.

그런가 하면 블록체인 기반의 금융 상품도 심심찮게 등장하고 있다. 코인 자체를 사고파는 코인 투자와는 성격이 다르다. 블록체인 기반의 투자 중 가장 널리 알려진 것은 NFTNon Fungible Token(대체 불가능한 토큰)인데, 처음에는 엄청난 유행을 탔으나 그 열풍은 벌써 사그라든 듯 보인다. 크게 소문이 나지는 않았지만 꾸준히 시장이 커지고 있는 분야는 '조각 투자'다. 이는 실제 물건 또는 재산으로서 가치가 있는 권리를 쪼갠 권리(청구권)에 투자하거나 이를 거래하는 것을 말한다. 음악 저작권을 쪼개어 투자하는 것은 플랫폼 '뮤직카우'와 함께 널리 알려진 편이고, 그림과 같은 고가의 예술품을 나눠서 사고파는 방식도 확대되고 있다. 이러한 형태의 투자가 가능한 이유는 위·변조가 불가능하고 모든 거래 내역이 보관되는 블록체인 시스템에 기반하기 때문이다. 조각 투자 상품은 자본시장법률상 '증권'의 하나로 인정받으며 성장의 원동력을 확보한 상태다. 조각 투자의 등장은 그동안 일반인이 접근하기 어려웠던 고가의 상품에 누구나 쉽게 투자할 수 있도록 바꿔놓았다. 최근에는 부동산은 물론, 대출 채권이나 한우 등 다양한 분야로 조각 투자의 영역은 계속 넓어지고 있다. 그러나 이렇게 새로운 형태의 상품들은 혁신적이고 매력적으로 보이지만 드러나지 않은 문제점들이 분명 있다는 것을 반드시 기억해야 한다. 기존의 것이든 새로운 것이든 모든 투자 상품에는 리스크와 수익이 공존한다.

가상공간에 대한 관심도 커지는 중이다. 메타버스로 대표되는 가상공간이 기존의 온라인 공간과는 다른 방식으로 실물경제와 연결될 것이라 이야기하는 사람도 있다. 가상공간과 실물경제의 연결 고리 역시 블록체인 기술이다. 앞으로 어떤 새로운 기술과 개념이 우리의 일상을 바꿔나갈지 예상하기 어려울 만큼 기술은 사람들의 상상 이상으로 발전해왔다. 그리고 새로운 기술이 도입되는 순간에는 언제나 돈이 연관되어 있다.

앞으로의 성장 산업을 알아보는 법

사람들이 궁금해하는 것은 미래다. 달라질 세상 자체가 궁금하기 때문이기도 하지만, 미래에 부상할 산업이나 업종을 미리 가늠해서 투자 수익을 높이고 싶어서이기도 하다. 일명 '미래 먹거리'는 경제 기사에서 종종 '신기술', '성장 동력' 등의 키워드로 등장한다 뉴스를 주의 깊게 살피거나 사회 경험이 많은 사람이라면 뉴스에 소개되었다고 해서 반드시 그 분야가 성공하는 것은 아님을 잘 알고 있을 것이다. 미래는 누구도 알 수 없다. 따라서 우리가 뉴스를 통해 얻어야 할 정보는 다름 아닌 '가능성'이다. 뉴스를 제대로 읽는다면 향후 몇 년간 돈이 모일 만한 영역 정도는 추측해볼 수 있다. 그렇다면 구체적으로 뉴스에서 무엇을 발견해내야 할까?

첫 번째는 우리나라 정부의 정책 방향이다. 대부분의 정부는 공약을 통해 어느 분야에 힘을 쏟을지 알린다. 예를 들어 이명박 정부는 '그린정책', 박근혜 정부는 '창조경제', 문재인 정부는 '4차산업'을 내세웠다. 정책에 따라 돈이 모이는 곳이 달라지는 이유는 우리의 세금이 모인 정부 예산이 쓰이는 일이기 때문이다. 정책의 성패 여부는 정치적 성과와 직결되기 때문에 각 정부는 정책 실현에 많은 관심과 노력을 기울인다.

두 번째는 우리나라가 아닌 주요 국가들의 정책이다. 미국 대통령이 반도체 산업을 자국 내에서 육성하고, 해당 분야에서 중국은 배제하겠다고 선언하면 전 세계 반도체 시장이 들썩거린다. 중국의 일대일로一帶一路나 반도체 굴기崛起 역시 엄청난 자본이 투입된다. 정책이라고 하기는 다소 애매하지만, 러시아 푸틴 대통령이 전쟁을 멈추지 않겠다는 결정도 전 세계에 큰 파장을 미친다.

세 번째는 보통 선진국들이 주도하는 글로벌 캠페인이다. 대표적으로는 환경 문제가 있다. 기후위기에 대응해야 한다는 목소리들이 모이면서 ESG라는 구체적인 범주가 형성되었고, 이에 따라 탄소 중립, RE100(기업이 사용하는 전력의 100%를 재생에너지로 조달하겠다는 글로벌 캠페인) 등의 구체적인 캠페인이 등장했다. 이러한 글로벌 캠페인은 관련 분야(예를 들면 전기차나 2차전지)는 활성화되고, 관련도가 낮은 분야는 축소되는 결과를 가져올 수 있다.

마지막은 기술이다. 스마트폰이 대중화되고, 인터넷 통신망이 빨라지고, 처리 속도가 빠른 칩이 결합되면서 새로운 영역이 만들어지고 있다. 이미 일상의 일부가 된 유튜브를 통해 전에 없던 직업과 사업 영역이 형성되었다. 빅데이터나 인공지능, 자율주행, 원격진료 등 새로운 개념이 등장하면서 그와 관련된 기술도 속속 개발되고 있다. 미국 나스닥 시장의 이른바 빅테크 기업들이 주도하는 시장이기도 하다. 앞서 설명한 블록체인 기반의 가상자산이나 메타버스 역시 아직 결과를 알 수 없는 신시장 중 하나다.

한 가지 더 알아야 할 점은, 이와 같은 네 항목들은 독립적으로 움직이지 않는다는 사실이다. 서로 관여하고, 중첩되고, 때로는 충돌하면서 마지막까지 살아남아 미래의 주인공이 되기 위해 사투를 벌인다. 뉴스는 그때그때 일어난 사건을 중심으로 단편적인 면모를 보여주지만, 그 뉴스가 나오기까지의 과정과 나온 이후의 흐름은 복잡다단하게 변화한다. 수많은 변화와 경쟁을 거쳐 누가 최후의 승자가 될지 맞히는 사람은 이득을 보고, 그렇지 않은 사람은 손해를 보는 일은 앞으로도 계속 반복될 것이다.

가상자산, 그 복잡하고 미묘한 이야기

가상자산은 암호화폐, 가상화폐, 비트코인, 코인, 크립토 등으로 불린다. 실제 가치가 있는지부터 암호화폐 매매가 투기인지 투자인지까지 가상자산을 사이에 둔 첨예한 논쟁은 지금도 계속되고 있다. 가상자산을 긍정적으로 평가하는 입장에서는 가상자산이 중앙집중화된 기존 체제에서 벗어난 혁신적인 금융 수단이 될 수 있고, 궁극적으로는 공식 화폐로 인정받을 수 있다고 주장한다. 반면, 부정적으로 평가하는 입장에서는 실체가 없는 것을 가치가 있다고 말하는 도박판과 같다는 말한다. 어찌되었든, 블록체인 기술을 기반으로 만들어진 최초의 암호화폐인 비트코인이 등장한 이후 수많은 암호화폐들이 파생되어 거래소(가상자산을 사고 팔 수 있는 플랫폼. 대표적인 국내 거래소로는 업비트, 빗썸 등이 있다)에서 거래되고 있다.

주식과 마찬가지로 암호화폐의 시세도 수시로 변동된다. 하지만 주식과는 달리 24시간 내내 거래가 가능하기 때문에 시세 차익을 노리는 사람들은 밤낮없이 몰두해야 한다. 블록체인은 그 개념 자체도 어렵지만, 기본 기술에서 수많은 개념과 기술들이 파생되어 나오기 때문에 이를 전부 파악하기가 쉽지 않다. 가상자산에 투자하는 사람 수에 비해 이를 제대로 알고 설명할 수 있는 사람을 찾기 어려운 이유가 여기에 있다. 관련 논쟁이 거듭되는 와중에도 가상자산 분야는 계속 발전하며 확장되는 중이다.

지난 2022년에는 가상자산 시장에서 매우 좋지 않은 사건들이 연달아 터졌다. 첫 번째는 '루나'라는 암호화폐의 가치가 폭락한 것이고, 두 번째는 세계 4위 안에 이름을 올리던 가상자산 거래소 'FTX'가 파산한 것이다. 이 사건들을 거치며 암호화폐 시장은 폭락해버렸다. 두 사건 모두 조사가 진행 중이지만, 그 결과와 상관없이 세계 각국에서 가상자산에 대한 규제를 강화하는 추세다. 하지만 규제가 강화된다는 것은 '제도권 안으로 들어가는' 것을 의미하기도 한다. 때문에 그동안의 불안하고 부정확한 문제가 해결되는 효과가 있어 무조건 부정적이라 볼 필요는 없다.

상황이 이러하다 보니 가상자산 시장이 앞으로 어떻게 흘러갈지 평가하기란 매우 어렵다. 비트코인 이후 무척 많은 사람들의 자본과 시장이 가상자산에 투입되었고, 블록체인 기술은 암호화폐 외의 분야로도 뻗어나가고 있다. 가상자산에 투자할 생각이 있든 없든 당분간은 이 불안정한 시장에 관심을 기울여보는 것이 좋겠다.

'나'의 경제 이야기를 찾아보자

많은 사람들이 '경기가 좋다' 혹은 '경제가 나쁘다'라고 쉽게 말한다. 하지만 그 뜻을 정확히 설명할 수 있는 사람은 생각보다 많지 않다. 그런데 그 뜻을 설명할 줄 알아야만 하는 것일까? 나는 그렇지 않다고 생각한다.

'사랑'이란 단어를 떠올려보자. 우리는 일상 속에서 사랑이란 말을 아주 많이 사용하고, 남녀노소 누구나 사랑을 말한다. 사람들에게 사랑이 무엇이냐고 물으면 어떤 답이 돌아올까? 아마 저마다 다른 답을 할 것이다. 수백만 명에게 사랑의 정의를 물으면 수백만 개의 답이 나올지도 모른다. 하지만 그중 어느 것을 골라 '이것이 사랑의 정의다'라고 단언할 수는 없다. 사람들은 각자 자신이 느끼는 사랑을 이야기하며 살아간다.

이런 점에서 경제는 사랑과 같다. 전문가들의 어려운 정의를 이해하려 하고 그것을 자신에게 그대로 적용하려 하면 쉽지 않을뿐더러 나와 맞지 않는 부분이 생긴다. 조금 틀려도, 조금 이상해도

'나'의 경제 이야기를 가져야 한다. 그것이 인생에 더 도움이 된다. 연애를 글로 배우면 안 되는 것처럼 말이다.

경제 뉴스나 기사를 볼 때도 다른 사람이 내린 정의를 따르기보다 직접 '표현'해보는 것이 좋다. 물론 전문가의 의견과 해석을 귀담아듣는 것도 중요하다. 하지만 잘못된 용어를 사용하거나 틀린 방향으로 해석할까 두려워 입을 다물고 있을 필요는 없다. 지금 수능 시험을 보려는 것이 아니지 않은가. 우리는 민주주의 국가인 동시에 시장경제 사회인 대한민국에서 살고 있다. 여러분이 돈을 벌어 쓰고 있다면 시장경제에서 가장 강력한 경제활동을 하고 있는 것임을 잊지 말자. 좋든 싫든 이미 우리는 경제에 속해 있다.

각자의 상황에 맞게 경제를 이해하고 표현하자. 미래를 예측하려면 표현하는 것이 중요하다. 앞으로 경제가 좋아질지 나빠질지 알아야 대처할 수 있고, 삶을 유지해나갈 수 있다. 경제 기사를 눈여겨봐야 하는 것도 같은 맥락이다. 내가 사는 세상에서 어떤 일이 일어나는지 잘 살피고 현재를 분석해 미래를 가늠하는 힘을 길러야 한다.

나의 인생은 다른 누구도 아닌 내가 결정하는 것이다. 경제 기사를 읽을 때도 마찬가지다. 나에게 맞춰 해석하면 된다. 정답을 맞히는 것에 집착하지 말자. 틀린 해석을 하는 것이 두렵다면 전 세계 어느 경제학자도 미래의 경제를 정확히 예측하지 못했다는 사실을 떠올리자. 여러분이 틀리는 것은 자연스러운 일이니 미리 걱정할 것 없다. 여러분이 알아야 할 가장 중요한 사실은 여러분의 결정으로 여러분의 돈이 모이거나 흩어진다는 것이다. 다른 누구도 아닌 여러분 자신의 결정으로!

마지막으로, 우리의 가계경제를 위해 맞벌이를 하며 재산 증식을 위해 늘 함께 고민하는 아내와 잘 자라주는 아이에게 감사의 말을 전한다. 기자가 아님에도 "경제 관련 콘텐츠를 만들어봐요!"라는 나의 말을 경청해주는 기자 선배들, 원고를 가꿔 책으로 만들어주신 미래의창 출판사 분들, 그리고 이 책을 끝까지 읽어주신 독자 분들께도 감사드린다.

부록

세상 중요한
핵심 경제상식

경제 기사가 한 번에 읽히는
개념 정리

지금까지 살펴본 경제 이야기 중 핵심만 골라 정리하는 시간을 가져보려 한다. 이 정도 개념들은 알고 있어야 경제 뉴스와 기사를 이해할 수 있다. 나아가 서로 다른 개념들이 어떻게 연결되어 있고, 그 관계가 경제에 어떤 영향을 미치는지도 간단히 요약했다. 물론 현실은 이론과 다르다. 알고 있는 사실과 다르게 흘러갈 때도 있다. 그래도 기초를 탄탄히 다져두면 예상치 못한 상황에 현명하게 대처할 수 있다.

경기가 좋다/경기가 나쁘다

1) 경기 + 좋다(호황, 상승, 활황)

구분	주요 현상	나에게는?
기업	원료 수요↑, 설비투자↑, 고용↑, 생산↑	여유로움과 여력이 생긴다
소비자	취업↑, 임금↑, 소득↑, 구매력↑	저금한 돈으로 투자를 늘린다

2) 경기 + 나쁘다(침체, 하락, 불황)

구분	주요 현상	나에게는?
기업	원료 수요↓, 설비투자↓, 고용↓, 생산↓	준비하고 버텨야 한다
소비자	취업↓, 임금↓, 소득↓, 구매력↓	대출금을 정리하고 안정적인 저금을 활용한다

경기가 좋을 때는 기업이 생산을 늘리기 때문에 신상품이 많이 나온다. 경기가 좋아 자금력이 충분한 기업은 적극적으로 신상품을 마케팅한다. 소비자들도 주머니에 여유가 생긴다. 게다가 기업이 마케팅에 적극적으로 나서니 광고에 많이 노출된다. 그래서 물건을 사고 싶어진다. 하지만 충동을 누르고 냉정을 찾은 뒤 저금해야 한다. 그리고 저금한 돈으로 지혜롭게 투자를 늘려야 한다.

경기가 나쁠 때 기업은 생산과 고용을 줄여 최대한 비용을 아끼려 한다. 그래서 직장인들의 월급이 동결되고 취업 시장도 좁아진다. 회사가 마음에 들지 않아도 참고 버텨야 하는 시기다. 취업 준비생들은 눈높이를 조금 낮춰서라도 돈벌이를 하는 편이 낫다.

겨울잠을 자듯 봄을 준비해야 할 시기다. 대출금이 있다면 가능한 빨리 상환하는 것이 좋고 투자보다 안정적인 저금을 활용하는 것이 낫다.

경기와 금리

1) 경기가 금리에 영향을 미치는 경우

출발	주요 현상	결과
경기 하락	생산&소비↓ → 상품&수요↓→ 경기 침체를 막아야(돈을 풀어야)	금리 인하
경기 상승	생산&소비↑ → 상품&수요↑→ 경기 과열을 막아야(돈을 말려야)	금리 상승

2) 금리가 경기에 영향을 미치는 경우

출발	주요 현상	결과
금리 인하	돈이 풀린다 → 생산&소비↑ → 상품&수요↑	경기 상승
금리 상승	돈이 마른다 → 생산&소비↓ → 상품&수요↓	경기 진정

경기 침체만 나쁜 것이 아니다. 경기가 과열되는 것도 좋지 않다. 경기가 과열되면 거품이 생기고 인플레이션이 일어날 가능성이 높다. 이런 위험을 막기 위해 정부는 금리로 경기를 관리한다. 금리를 인하하면 돈 사용료가 낮아지는 것이니 시중에 돈이 풀린다. 시중에 돈이 많아지면 생산과 소비를 할 여력이 생겨 물건을 사려

는 사람과 팔려는 사람이 모두 늘어난다.

시중에 돈을 푸는 방법으로는 정부의 지출을 늘리는 방법도 있다. 정부의 지출은 결국 기업이나 가계의 수입이 된다. 그래서 돈을 푸는 것과 같은 효과를 낸다. 경기의 상태에 따라 금리를 올리거나 낮추기도 하지만, 금리로 경기의 상태를 조정하기도 한다. 경기와 금리는 마치 동전의 양면처럼 함께 움직인다.

경기와 물가

출발	주요 현상	결과
경기 하락	생산&소비↓ → 상품&수요↓→ 가격↓	물가상승 멈춤
경기 상승	생산&소비↑ → 상품&수요↑→ 가격↑	물가상승 시작

경기가 하락한다고 해서 물가가 떨어지는 일은 별로 없다. 물가가 떨어진 것 같다면 신제품의 가격이 내려간 것이 아니라 재고를 싸게 판매하거나 일시적인 할인 행사를 하기 때문이다. 정말 물가가 지속적으로 하락한다면 디플레이션이 시작된 것이므로 단순히 경기가 나빠진 것보다 훨씬 안 좋은 상황이다.

반면 경기가 상승할 때는 물가도 경기의 상승세와 비슷하게, 혹은 경기보다 먼저 오른다. 기업들은 앞다퉈 신제품을 출시하고 여러 가지 마케팅 기법으로 사람들의 소비를 유도한다. 하지만 사람들의 수요 심리가 기업의 생산 능력을 초과하면 인플레이션이 발생할 확률이 높다. 가격이 비정상적으로 오르는데도 앞으로 더 오를 것이니 그 전에 사는 게 이득이라는 심리가 발동해 사람들의 수요가 계속 증가하기 때문이다.

경기와 환율

출발	주요 현상	결과
경기 상승	금리↑ → (외국인에게) 금융 상품 매력↑ → (원화) 수요↑	환율 하락 (원화 가치 상승)
	생산↑ → 수출↑ → (벌어들인 달러 교환 필요↑) → (원화) 수요↑	
경기 하락	금리↓ → (외국인에게) 금융 상품 매력↓ → (원화) 수요↓	환율 상승 (원화 가치 하락)
	생산↓ → 수출↓ → (달러 교환 필요↓) → (원화) 수요↓	

경기는 환율과도 밀접하다. 경기가 좋아지면 금리가 인상될 가능성이 커진다. 한국의 금리가 올라가면 외국인 투자자에게는 한국이 좋은 투자처가 된다. 한국에 투자하려면 한국 돈이 필요하다. 외국인이 가지고 있던 외화를 팔고 대신 원화를 산다. 원화의 수요가 늘어나니 원화의 가격이 오른다. 달러의 가치는 그대로인데 원화의 가치는 올랐으니 환율이 달라진다. 원래 1달러를 얻으려면 1,000원을 줘야 했는데, 이제 900원만 주면 되는 것이라 이해하

면 쉽다. 그래서 원화의 가치가 올라가면 환율은 하락한다.

경기가 나빠지면 금리를 인하한다. 금리를 낮춰야 사람들이 돈을 더 쉽게 쓸 수 있어 경기가 살아나기 때문이다. 그러자 위와는 정반대의 현상이 벌어진다. 외국인 투자자는 금리가 낮은 한국의 금융 상품보다 더 높은 금리를 주는 다른 나라에 투자한다. 그래서 원화를 팔아 달러를 확보한다. 원화의 수요가 줄어들어 원화의 가격이 내려간다. 이는 환율의 상승으로 이어진다.

수출 기업의 입장도 살펴보자. 경기가 좋으면 수출이 늘어난다. 수출을 많이 할수록 원화의 수요가 증가한다. 수출할 때는 달러로 거래하지만 한국의 종업원들에게 임금을 주고 국내 설비에도 투자하려면 원화가 더 필요하기 때문이다. 반면 경기가 나쁘면 수출이 줄어든다. 원화로 바꿀 달러를 많이 벌지 못하기 때문에 원화의 가치가 떨어진다.

금리와 주가

출발	주요 현상	결과
금리 인하	기업 투자↑ → 생산↑ → 이익↑	주가 상승
	개인 소비↑ + 개인(의 기업) 투자↑	
금리 인상	기업 투자↓ → 생산↓ → 이익↓	주가 하락
	개인 소비↓ + 개인(의 기업) 투자↓	

큰 틀에서 볼 때, 금리를 내리면 경기가 활성화된다. 경기가 좋아져 자금 융통에 여유가 생긴 기업이 투자할 가능성이 높아진다. 기업의 투자로 생산이 늘어나고, 늘어난 상품을 판매한 만큼 수익이 증가한다. 늘어난 상품을 구매하는 것은 소비자다. 경기가 좋아진다는 것은 소비자가 돈 쓸 여력이 늘어나는 것이므로 기업이 생산을 늘려도 소비자가 그 상품들을 소비할 수 있다. 가계는 상품을 구매하기만 하는 것이 아니라 여유 자금을 활용해 주식 등에 투자를 하기도 한다. 기업과 가계의 상황이 이러하니 주가가 상승한다.

금리를 올리면 시장은 반대로 움직인다. 기업은 투자를 보류하거나 생산을 줄인다. 가계 역시 소득이 넉넉지 않아 소비를 줄이고 투자도 줄인다. 이에 따라 기업의 수익이 줄어들고 결국 주가가 하락한다.

환율과 물가

출발	주요 현상	결과
환율 하락 (원화 가치 상승)	수입해야 하는 원자재 관련 원가↓→ 상품 가격↓	물가 하락 (혹은 유지)
환율 상승 (원화 가치 하락)	수입해야 하는 원자재 관련 원가↑→ 상품 가격↑	물가 상승

환율이 올랐다는 것은 원화의 가치가 떨어졌다는 뜻이다. 국내에서 생산되지 않는 원자재(대표적으로 석유)를 사용해야 하는 기업은 환율이 오르기 전과 동일한 양의 원자재를 수입하기 위해 이전보다 더 많은 원화를 지불해야 한다. 원자재 가격이 올랐으니 제조 원가가 오른다. 당연히 기업은 원가가 오른 만큼 상품의 판매 가격도 올린다. 소비자들은 더 비싼 값에 물건을 사야 하고 물가는 상승한다.

같은 논리로 환율이 내려가면 상품의 제조 원가가 줄어든다. 그럼 상품 가격이 내려가 물가가 하락해야 하는데, 대부분의 기업들은 원가가 줄어들었다고 해서 상품 가격을 내리지 않는다. 국제 원유 가격이 떨어져도 국내 주유소의 기름값은 별 차이가 없는 것이 바로 이 때문이다. 그렇다 보니 소비자 입장에서 물가는 하락하지 않고 유지되는 수준에 그친다.

환율과 수출/수입

출발	주요 현상		결과
환율 하락 (원화 가치 상승)	수출품 가격↑→ (외국인의) 한국산 제품 수요↓ → 수출↓		경상수지 적자
	수입품 가격↓→ (한국인의) 외국산 제품 수요↑ → 수입↑		
환율 상승 (원화 가치 하락)	수출품 가격↓→ (외국인의) 한국산 제품 수요↑ → 수출↑		경상수지 흑자
	수입품 가격↑→ (한국인의) 외국산 제품 수요↓ → 수입↓		

환율과 수출/수입의 관계는 조금 더 복잡하고 미묘하다. 환율이 상승하면 수출 기업들의 매출이 증가한다. 기업이 돈을 벌면 국민들에게도 좋을 것 같지만, 현실은 그렇지 않다. 수출로 혜택을 보는 기업과 관련이 없는 사람들은 오히려 먹고살기가 더 어려워진다. 수입 물가, 즉 수입품의 가격이 오르기 때문이다.

환율이 하락하는 경우에는 수출은 줄어들지 몰라도 일반 사람들에게는 좋다. 해외여행을 가기도 쉬워지고, 해외직구를 하기에도 유리해진다.

미국 금리와 세계경제

출발	주요 현상	결과
미국 금리 인하	(미국) 투자↓→ (외국) 투자↑ → (외국) 생산↑→ 대미 수출↑	세계경제 활성화
	(미국) 경기↑→ 대외 수입↑	
미국 금리 상승	(미국) 투자↑→ (외국) 투자↓ → (외국) 생산↓→ 대미 수출↓	세계경제 침체
	(미국) 경기↓→ 대외 수입↓	

미국은 경제 규모가 클뿐더러 미국의 화폐인 달러가 기축통화로 사용된다. 그래서 세계경제에서 미국이 발휘하는 영향력은 매우 크다. 특히 미국의 금리 변동은 미국을 넘어 전 세계의 경제 흐름을 바꿔놓을 수 있다. 그래서 세계의 모든 나라들이 미국의 금리를 결정하는 연준(연방준비제도) 의장의 발표에 촉각을 곤두세운다. 이론대로라면 미국 금리가 인하될 경우 미국 경제가 활성화되고, 이에 긍정적 영향을 받은 다른 나라들의 대미 수출이 증가해 결국 세계경제가 활성화되어야 한다.

하지만 이 논리에는 아주 큰 맹점이 하나 있다. 과연 미국 경제가 전 세계를 먹여 살릴 수 있을까? 미국은 대표적인 '쌍둥이 적자' 국가다. 쌍둥이 적자란 재정 적자와 경상수지 적자를 모두 겪는 것을 말한다. 아무리 미국이 세계경제를 쥐락펴락할지라도 모든 나라를 먹여 살릴 능력은 없다. 요즘 미국이 세계 여러 나라를 대상으로 강력한 경제 압박을 가하는 이유 중의 하나다. 앞으로 세계경제가 어떻게 흐를지 관심을 가지고 지켜볼 필요가 있다.

위의 내용들이 모든 상황에 꼭 맞아떨어지는 것은 아니다. 경제에는 온갖 변수들이 존재하고, 사람들이 논리적이지 않은 선택을 하기도 한다. 대략적인 흐름이 이렇다는 것만 알아두자. 큰 흐름을 보고 각자의 상황에 따라 다르게 선택하면 된다. 따라서 경제 기사를 해석하는 관점과 그에 따른 재테크 기법은 사람마다 다를 수밖에 없다.

알아두면 좋은 추가 경제상식: 코스톨라니의 달걀 모형

앙드레 코스톨라니Andre Kostolany는 헝가리 출신의 전설적인 투자자다. 그는 '달걀 모형'이란 이론을 창안해 금리와 예금, 주식, 채권, 부동산의 관계와 최적의 투자 시기를 설명했다. 그런데 그의 설명은 그럴듯해 보이지만 돈이 없는 사람의 입장에서는 적용할 수 있는 것이 거의 없다. 가장 큰 이유는 자금의 크기 차이다. 이론을 창안한 코스톨라니와 평범한 우리들은 운용할 수 있는 자금의 크기 자체가 완전히 다르다. 1천만 원 혹은 100만 원 단위의 자금으로는 큰 수익을 내기 어렵다. 열심히 돈을 굴려 1~2%의 수익을 얻

세상 친절한 경제상식

어봤자 100만 원대에 그칠 것이다. 그럼에도 불구하고 이 이론을 소개하는 것은 지금이 아닌 어느 정도 돈을 모았을 미래의 여러분을 위해서다.

모든 것의 기준은 금리

코스톨라니의 이론에서 투자를 결정하는 기준은 바로 금리다. 금리가 낮아지면 사람들은 돈을 쉽게, 많이 쓰기 때문에 경기가 활성화된다. 반대로 금리가 높아지면 경기가 침체된다. 거꾸로 경기 때문에 금리를 변동시키기도 한다. 경기가 침체되었을 때는 정부가 일부러 금리를 낮춘다. 그러면 사람들이 돈을 더 많이 쓰게 되어 경기가 살아난다. 경기가 지나치게 과열되었을 경우에는 금리를 올려 사람들이 사용하는 돈을 은행으로 끌어들인다.

우리나라에서 금리를 결정하는 것은 시장과 정부다. 정부는 경기를 안정시키기 위해 기준금리를 올리거나 내린다. 그 일을 담당하는 것이 한국은행이다.

달걀 모형을 익히는 궁극적인 목표는 '투자수익률'을 높이는 것이다. 투자수익률을 높이면 물가 상승률로 인해 줄어드는 양을 뛰어넘어 자산을 불릴 수 있다. 투자수익률이 낮으면 투자로 늘어난 자산보다 물가 상승률 때문에 줄어든 자산이 더 많아 결국 손해를 보게 된다. 만약 물가가 변동되지 않는다면 돈을 은행에 예금하고 이자를 받는 것이 가장 간편하다. 하지만 그럴 수는 없으므로 금리의 변화에 맞춰 적절한 투자 방법을 선택해 물가 상승률의 영향을 받지 않을 만큼 안정적인 수익을 내야 한다.

'채권'은 무엇인가?

일반 사람들이 채권에 직접 투자하는 경우는 별로 없다. 예전에 저축은행에서 금융 지식이 없는 노인들에게 '후순위 채권'이란 것을 마치 이자를 더 주는 예금 상품인 양 판매해 문제가 된 적이 있다. 이외에 CMA(고객이 맡긴 예금을 어음이나 채권에 투자하여 그 수익을 고객에게 돌려주는 실적 배당 금융 상품)에서 채권으로 수익을 얻는 경우, 펀드가 채권으로 구성된 경우 등을 제외하면 채권을 접할 일은 흔치 않다.

채권은 '채권을 발행한 주체가 돈을 빌리면서 일정 시점 뒤에 확정된 이자를 주기로 약속한 증서'다. 채권을 발행하는 주체에 따라 다른 이름으로 부른다. 국가나 공기업이 발행한 것은 국공채, 일반 기업이 발행한 것은 회사채라고 한다. 회사나 국가가 발행하는 예금 증서라고 생각하면 이해하기 쉽다.

채권과 예금의 가장 큰 차이점은 채권의 경우 채권을 발행한 주체가 망했을 때 아무도 책임지지 않는다는 것이다. 대기업이 발행한 채권이라도 마찬가지다. 대기업을 믿고 채권을 받은 다음 돈을 빌려준 사람은 그 대기업이 망해버리면 돈을 돌려받지 못한다. 돈을 잘 갚을 것이라고 생각되는 주체가 발행한 채권은 이자율이 낮다. 반면 돈을 갚지 못할 위험이 있는 주체가 발행한 채권은 이자율이 높다. 예를 들어 국가에서 발행하는 국채의 이자율은 아주 낮다. 국가가 망하는 일은 아주 드물기 때문이다. 대기업에서 발행한 회사채 역시 이자율이 낮은 편이다. 보통 회사채의 금리는 일반 정기예금의 금리보다 높다. 당연히 그래야 한다. 그렇지 않으면 사람들이 돈을 돌려받지 못할 위험을 감수하고 채권을 살 이유가 없다.

또 하나의 차이점은 채권은 사고팔 수 있다는 점이다. 내 예금을 다른 사람에게 팔 수는 없지만(다른 사람에게 팔 수 있는 예금 상품이 실제로는 있지만 아주 드물기 때문에 없다고 가정한다) 채권은 팔 수 있다. 채권으로 받을 수 있는 이자와 상환까지 남은 기간에 따라 채권의 가격이 달라진다.

금리가 높아지면 채권의 가격이 떨어지고, 금리가 낮아지면 채권의 가격이 올라간다. 금리가 높을 때는 안전한 예금이 위험한 채권보다 매력적인 투자 상품이다. 반대로 금리가 낮아지면 위험을 감수하더라도 이자가 높은 채권에 끌리기 마련이다. 더 자세히 들어가자면 할 이야기가 무척 많지만, 이 정도 개념만 알고 넘어가자.

달걀 모형의 단계별 대응: 부자와 보통 사람

지금부터는 본격적으로 코스톨라니의 달걀 모형을 알아보자. 아주 단순하게 설명하면 달걀 모형은 A단계에서 D단계를 거쳐 다시 A단계로 돌아오는 과정이다. 그리고 그 사이의 단계마다 다른 투자 방법을 적용한다. 앞서 말했다시피, 부자와 평범한 사람들은 쓸 수 있는 자금의 차이가 무척 크다. 따라서 부자와 달걀 모형의 단계에 각각 다르게 대응한다. 지금부터 그 대응 양상을 구체적으로

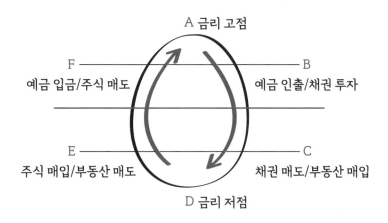

코스톨라니의 달걀 이론

A 금리 고점

F ─────────── B
예금 입금/주식 매도   예금 인출/채권 투자

E ─────────── C
주식 매입/부동산 매도   채권 매도/부동산 매입

D 금리 저점

살펴볼 텐데, 나처럼 여러분 역시 보통 사람이라는 가정하에 보통 사람을 '우리'라고 지칭하여 이야기하려 한다.

A단계: 금리가 고점에 이르다

상황 경기가 침체되어 대책이 필요하다는 기사들이 쏟아진다. 정부는 경기를 살리기 위해 금리 인하를 검토한다. 한국은행이 기준금리를 내릴 것이라고 추측하는 기사들도 많이 나온다.

부자 금리가 내려가면 '예금'에서 다른 상품으로 갈아탈 준비를 시작한다.

우리 예금할 돈이 없다. 대출이자를 갚는 일만 해도 벅차다(F단계 참조).

B단계: 금리가 내려갔다

부자 예금에서 채권으로 갈아타기 시작한다. 예금의 이자율이 낮아졌기 때문이다. 예금보다 위험도는 높지만 적당히 우량한 채권에 투자하면 적당한 수익이 보장된다.

우리 기준금리가 내려가니 대출금리도 내려가 숨통이 트인다. 영혼까지 끌어모은 돈으로 마지막일지 모르는 높은 금리의 '정기예금'에 돈을 넣는다.

C단계: 금리가 저점을 향한다

상황 대출금리가 낮아져 부동산을 구매하기 쉬워진다. 채권에서 부동산으로 갈아타는 사람들이 많아지면서 부동산 거품이 형성되기 시작한다.

부자 채권에서 부동산으로 갈아탄다. 채권으로 시세 차익을 얻는 것보다 부동산 임대 수익을 얻는 것이 더 이득이기 때문이다.

우리 부동산 가격이 오른다는 소문이 돈다. 그러나 대출이자를 계속 내야 한다. 부동산을 사려면 대출을 더 받아야 하니 금리가 더 떨어지길 기다린다. 더불어 정부가 정책을 펼쳐 집값을 더 낮춰주길 기대한다.

D단계: 금리가 저점에 이르다

상황 경기가 과열되었다는 이야기가 나오기 시작한다. 인플레이션을 우려하는 목소리도 들려온다. 금리를 인상해야 한다는 기사들이 자주 보도된다. 부동산 가격도 최고점을 찍는다.

E단계: 금리가 오르기 시작한다

부자 부동산을 팔고, 위험도가 다소 높더라도 주식시장으로 옮겨간다. 주로 안정성과 수익성이 보장된 우량주나 배당주에 투자한다. 주로 우량주부터 주가가 오르기 시작한다.

우리 부자들이 부동산을 시장에 내놓자 매물이 늘어난다. 부동산 가격이 더 오를 것이라 예상한 데다가 새로운 매물이 등장하니 부동산을 구매할 적기라고 판단한다. 대출금리도 낮아졌으니 부동산 매입에 나선다.

F단계: 금리가 고점을 향한다

부자 슬슬 주식시장에서 발을 뺀다. 금리가 높아졌으니 안정적인 예금으로 자금을 옮긴다. 경기가 활성화되었고 우량주 중심으로 오르던 주식시장은 한껏 달아오른 상태다.

우리 기대와 달리 부동산 가격이 떨어진다. 대신 주가가 오른다. 부동산 투자로 입은 손실을 만회하기 위해 주식시장으로 향한다. 많은 사람들이 한꺼번에 주식시장에 몰리니 수요가 급증해 주가가 하락하기 시작한다.

A단계: 금리가 고점에 이르다

부자 하락세에 들어선 주식시장에는 관심이 없다. 안정적인 예금을 굴리면서 금리가 하락할 기미가 보이는지 관찰한다.

우리 주식에 물타기를 해야 할지 고민한다. 금리가 높아졌는데 부동산을 사느라 빌린 대출이 있으니 이자를 내느라 허덕인다. 예금은 꿈도 꿀 수 없다. 집값이 더 떨어지기 전에 부동산을 급매로 내놔야 하나 고민하고, 몇몇 사람들은 실제로 판매한다. 결국 투자에 실패하고 만다.

달걀 모형의 핵심: 미리 준비하느냐 막차를 타느냐

달걀 모형의 핵심은 수익률이 얼마냐가 아니다. 금리의 변동에 따라 미리 준비해서 대응할 것인지, 아니면 뒤늦게 허겁지겁 따라가기 급급할 것인지를 보여주는 이론이라 생각해야 한다. 실제로 모든 재산을 이 이론에 맞춰 단계별로 운용하는 사람은 많지 않다. 특히 부동산은 금리가 바뀔 것이라고 해서 쉽게 사고팔 수 있는 자산이 아니다. 주식 투자를 하면서 채권을 관리하거나 부동산과 주식의 비율을 조절해가며 투자하는 경우가 더 흔하다. 즉, 모형을 따라 자신이 보유한 자산의 구조를 조절한다고 이해하는 것이 더 적합하겠다.

달걀 모형은 꼭 따라야 하는 규칙이라기보다는 개념을 바탕으로 다양하게 응용할 수 있는 레시피에 더 가깝다. 달걀 모형이 투자 성공이란 맛있는 음식을 만들기 위한 레시피라면, 경제 기사는 그 레시피를 잘 써먹기 위한 재료다.

이럴 때 경제 기사가 재미있어진다. 경제 뉴스나 기사를 나와 떨어뜨려 생각하면 지루하기만 하다. 가진 자산이 많지 않아도 경제 기사를 보고 이론 또는 정책이 눈에 띄면 나와 엮어보는 습관을 들이자. 경제란 누가 알려줄 수도 없고, 누가 지시할 수도 없다. 자신의 역량에 따라, 자신의 기준과 관점을 바탕으로 바라보며 직접 체득해야 한다. 그래야 자본주의 사회에서 '잘' 살아남을 수 있다.

뉴스가 들리고 기사가 읽히는
세상 친절한 경제상식

초판 1쇄 발행 2023년 3월 23일
초판 9쇄 발행 2025년 1월 13일

지은이 토리텔러
펴낸이 성의현
펴낸곳 미래의창

출판 신고 2019년 10월 28일 제2019-000291호
주소 서울시 마포구 잔다리로 62-1 미래의창빌딩(서교동 376-15, 5층)
전화 070-8693-1719 **팩스** 0507-0301-1585
홈페이지 www.miraebook.co.kr
ISBN 979-11-92519-49-4 (03320)

※ 책값은 뒤표지에 표기되어 있습니다.

생각이 글이 되고, 글이 책이 되는 놀라운 경험. 미래의창과 함께라면 가능합니다.
책을 통해 여러분의 생각과 아이디어를 더 많은 사람들과 공유하시기 바랍니다.
투고메일 togo@miraebook.co.kr (홈페이지와 블로그에서 양식을 다운로드하세요)
제휴 및 기타 문의 ask@miraebook.co.kr